이 도서의 국립중앙도서관
출판예정도서목록CIP은
서지정보유통지원시스템
홈페이지http://seoji.nl.go.kr와
국가자료종합목록 구축시스템
http://kolis-net.nl.go.kr에서
이용하실 수 있습니다.
CIP제어번호 : CIP2019046358

일러두기
이 책에 삽입된 인용문은
출간된 책에서 그대로 옮겨 온
것이라 책의 교정교열 원칙과
다를 수 있습니다.

살아 있는 한,
누구에게나
인생은 열린 결말입니다

강의모의 책 읽기 책 일기

강의모 지음

(읽는) 사람

차례

6　여는 글

12　강의모의
　　책을
　　권합니다

18　읽기는 맛있는 기억이다

24　그 흔한 취미

30　이름이 뭐라고

36　햇빛을 모으는 시간

42　돌아선다는 것

47　다가오는 것

53　바람의 지표

57　아무나 이겨라

62　어른의 무게

68　사랑도 마실

74　네 꿈이 무어냐고 물으신다면

80　더불어 세상

86　사색은 멀고 검색은 가깝다

92　책하고 놀기

97　반복의 슬픔과 기쁨

- 102 시험을 치르는 자세
- 107 마음아 이겨라!
- 112 아무튼, 하루쯤 방랑
- 118 읽는 여행
- 124 익숙한 봄, 낯선 하루
- 130 물리와 화해하기
- 136 읽는 사랑
- 141 혼자가 아닌 나는 없다
- 146 늙는 게 뭐라고
- 153 그림책을 읽는 시간
- 160 모든 경계에 우정이 흐르기를
- 166 우정의 진화
- 171 느리게 읽는다는 것의 의미
- 176 단순해질 용기
- 181 살아 있는 한, 인생은 열린 결말

(부록)

- 186 강의모가 읽었고, 또 읽게 될 책

- 196 닫는 글

여는 글

겸손과
비굴 사이

 책을 읽는 자세는 겸손합니다. 간혹 비굴해지기도 하지요. 책장을 펼치고 예를 갖추듯 고개를 숙입니다. 잠시라도 딴생각을 하다가는 의미를 놓칩니다. 가끔은 침대에 누워 책을 치켜들고 보기도 하지만, 어깨와 팔이 아파 이내 앉는 자세로 바꾸거나 책을 덮고 잠을 청하죠. 이러니 책 앞에서 어찌 공손해지지 않을 수 있을까요.

 방송작가란, 듣기 좋은 말로 '프리랜서', 자조적인 표현으로는 '일용직'. 겸손과 비굴 틈새에서 '오는 일 안 막고 가는 일 안 잡는다'를 신조로 서너 탕을 뛰던 시절, 주말 방송인 '책하고 놀자' 작가 제안이 들어왔습니다. 급여 상관없이 가장 맡고 싶은 프로그램이었기에 두말없이 잡아챘지요. 우선 책을 많이 만날 수 있다는 게 무엇보다 좋았습니다. 쌓인 책들을 뒤적이며 저자를 섭외하고 만나는 과정이 즐거웠지만, 처음에는 의욕과 욕심만 과해 실수도 많았지요. 쥐구멍에라도 숨어들고 싶을 만큼 부끄러운 순간들도 많았습니다. 어쨌거나 프로그램 진행용 책과 내가 읽고 싶은 것들을 마구잡이로 집안에 들이다 보니 방바닥에 책들이 켜켜이 쌓여 갔습니다. 누군가는 이런 모습을 '마치 죽순이 자라는 것 같다'고 표현했더군요. 책이 많은 게 아니라 집이 좁았습니다.

목표를 잡고 재수 삼수한 끝에 20년 거주가 가능한 장기전세 아파트에 당첨이 되었습니다. 입주일자가 정해지자마자 파주출판단지에서 눈여겨보아 둔 설비업체에 연락을 했지요. 거금을 들여 꿈에 그리던 이중책장을 맞추고 입주 전 거실 한쪽 면에 설치를 끝냈습니다. 레일이 달린 책장을 이리저리 옮기며, 누워 잠자던 책들을 열 맞춰 세워 놓는 일이 얼마나 행복하던지. 밥을 안 먹어도 배고픈 줄을 몰랐습니다. 평생의 모든 결핍이 해소된 듯했죠. 그러나 그 충만함도 오래가지 못했습니다. 욕심을 절제하지 못한 탓에 다시 방마다 책더미가 솟아오르고 있습니다. 정기적인 밀어내기로 여러 단체에 책 후원을 하고 있지만 정리는 요원합니다.

어떤 이들은 책장을 보고 놀라며 묻습니다. "이 책들을 다 읽은 건가요?" 다행히도 대답에 도움이 되는 책을 읽어 두었습니다. 세기의 책벌레라는 움베르토 에코와 장 클로드 카리에르의 대담집 《책의 우주》입니다. 움베르토 에코는 그런 질문을 받을 때 두 가지 대답을 사용한다고 말합니다. 첫째는, "이것들은 다음 주에 읽어야 할 책이에요. 이미 읽은 것들은 학교에 있지요." 두 번째 대답은 "읽은 건 한 권도 없어요. 아니, 읽었는데 왜 계속 보관하고 있겠습니까?"라고 오히려 반문하는 것이죠.

카리에르는 이런 말도 했습니다.

서재는 반드시 우리가 읽은 책들로 구성되는 것이 아닙니다. 심지어는 언젠가 읽게 될 책들로 구성되는 것도 아니죠. 서재란 우리가 읽을 수 있는 책들입니다. 혹은 그럴 가능성이 있는 책들이죠. 그것들을 영원히 못 읽는다 할지라도 말입니다.

무식한 욕심에 휘둘리는 내게 이만한 위로와 격려가 없습니다. 물론 읽은 책들을 빼내고 아직 읽지 않은, 언젠가 읽으려는 책들로 채워지는 책장은 내게도 때로 낯섭니다. 그 어색함 앞에서 나는 다시 겸손해지죠. 내가 가보지 못한 길, 내가 알지 못하는 세상이 아직 이렇게나 많으니, 책 앞에 머리를 조아리는 마음은 오래 지속될 것입니다. 아니 더 커질 것입니다.

지난 10년 제게는 훌륭한 독서 스승이 있었습니다. 2009년 초 삼고초려 끝에 프로그램에 모셔 와 지금껏 '김탁환의 뒤적뒤적' 코너를 맡고 있는 김탁환 작가입니다. 그동안 함께 뒤적인 책들이 300여 권. 혼자라면 언감생심 다가갈 수 없었던 책들을 따라 읽는 것이 때로는 힘겨웠지만 행복했습니다. 무엇보다 다독하는 작가를 보면서 책을 대하는 겸손한 자세를 배우는 귀한 시간들이었죠. 그는 2009년 5월 《천년습작-김탁환의 따뜻한 글쓰기 특강》을 들고 와 힘 있는 필체로 이렇게 적어 주었습니다. "강의모님. 좋은 책 많이 읽으시고 멋지게 사소서. 김탁환". 그의 바람을 오래 가슴에 담아 두고자 했습니다.

돌아보면, 책을 읽는 것도 방송작가로 일을 해 온 과정도 겸손과 비굴 사이에서 균형 잡기가 가장 어려웠습니다. 그래도 이만큼 버틴 건 역시 독서의 힘이라고 믿습니다. 세상의 모든 책들, 그 책들을 쓰고 만드느라 수고하는 더 많은 분들에게 머리 조아려 감사의 인사를 올립니다.

생태 전문 출판 외길을 고집하던 목수책방 전은정 대표가 새로운 시리즈를 기획하며 제게 첫 손을 내밀었습니다. 엄청난 부담감과 고마움을 동시에 느꼈습니다만, 그래도 용감하게 발을 내딛기로 했습니다. 부디 출판사에 폐가 되지 않았으면 하는 바람입니다.

2017년 6월부터 2019년 8월까지 〈서울신문〉 '문화마당'에 연재한 칼럼을 다듬고 글을 보태어 책을 엮었습니다. 부족한 글에 따뜻한 마음을 듬뿍 담아 격려와 응원의 말씀을 주신 김탁환 작가님, 김호 대표님, 곽효환 시인님, 진심으로 고맙습니다. 스튜디오 안과 밖에서 늘 따뜻한 격려로 노^老작가를 응원해 주는 최영아 아나운서, 이선아 PD, 그동안 '책하고 놀자'를 거쳐 간 모든 분들 덕분에 제가 지금의 자리에 있습니다. 고맙습니다.

내 가족 민석과 슬, 명랑한 시율에게 마음을 다해 사랑을 보냅니다.

강의모의
책을
권합니다

중간고사를 앞두고 시험공부를 위해 친구 집에 갔다가 거실의 커다란 책장에서 빼어든 황순원 소설들을 읽다 보니 해가 떠올랐다는 놀라운 원체험을 가진 소녀. 훗날 국어교사를 거쳐 SBS 러브FM '책하고 놀자' 프로그램을 10년 넘게 맡고 있는 강의모 작가의 '책 읽기'의 '책 일기'가 이 책이다. 그의 글은 늦가을 무렵 어머니가 수확한 농작물들을 조각내어 마당, 들마루, 처마 밑 그리고 빨랫줄 등 집안 곳곳에 널어 말린 것과 같이 포근하고 정겹다. "채반에 늘어놓은 고구마 말랭이는 식구들이 오가며 집어먹는 통에 거둘 땐 반도 안 남곤 했다"는 기억처럼 그의 글을 읽고 나면 삶과 책의 소중한 '햇빛을 모으는 시간'을 막 통과한 듯이 아늑하고 따뜻하다. 서재가 우리가 읽었고 또 읽게 될 책들로 구성되어 있듯이 우리의 삶 또한 살아 온 그리고 살게 될 날들로 구성되는 것임을 다시금 생각하게 하는 "오늘 이 책, 내 마음속에 저장"이다.

곽효환(시인)

부드럽고 따듯한 책이다. 어디든 스미고 무엇이든 품으며 어떤 주장에도 귀 기울인다. 손에는 매번 다른 책이 들렸다. 그 책을 이미 읽고 주요 대목을 옮겨 두었으면서도, 주장을 강하게 펴지 않고 은은하게 미소 지을 뿐이다.

그 미소를 따라, 10년이 넘도록 강의모 작가님과 함께 책을 읽어 왔다. 라디오 부스에서 내가 읽어 온 책을 산만하게 소개만 했지, 강 작가님이 그 책들을 어찌 읽었는지에 대해서는 자세히 들을 기회가 없었다. 이 책에 담긴 다채로운 에세이들을 통독한 후 생각했다. '이것이야말로 강의모 스타일이군!'

책이든 사람이든 절대로 다투지 않고, 달래고 어르며 어깨동무한 채 함께 걸어가는 사람이 바로 강의모 작가님인 것이다. 책에서 시작했으되 사각의 틀에 갇히지 않고, 그때그때 인생의 문제들을 어루만진다. 책과 사람이 연결되어야지만 삶의 지혜가 다리처럼 놓인다는 점을 투명하게 보여 준다.

강아지 두 마리를 곁에 두고 한가롭게 책을 읽는 귀여운 할머니를 떠올린다. 자유의 바람과 진리의 불과 포용의 물과 더 많은 문장을 틔우는 대지를 닮은 젊은 영혼이 그 위에 겹친다. 읽는 사람은 날마다 좋다. 쓰는 사람은 날마다 새롭다.

김탁환(소설가)

하나의 강렬한 은유로 다가오는 사람들이 있다. 강의모 작가가 바로 그런 경우인데, 그는 내게 '흐르는 강물'로 통한다. 10여 년 전 의기투합해 '책하고 놀자'를 만들었을 때도, 세월이 흘러 다시 만나 함께 일하고 있는 지금도, 그가 멈춰 있다는 인상을 받은 적은 단 한 번도 없다. 고된 방송국 일상 때문에 마음속에 검은 웅덩이가 생길 법도 한데, 강의모 작가는 언제나 보란 듯이 요란하진 않지만 산뜻하고 확실한 삶의 변화를 만들어 갔다. 그의 미소만큼 결이 고운 이 책을 읽고 나서야 확실해졌다. 서재에 넘쳐나는 책들과 수백 명의 저자 인터뷰가 그의 몸과 마음을 통과하면서 쉼 없이 동심원을 일으키고 삶의 구석구석으로 퍼져 나갔음을. 우리 모두가 사랑하는 책 읽기의 신비로운 효과를 다시 한 번 경험하는 순간이다. "삶의 막막함과 만만함" 사이를 오가며 더 나은 사람이 되고자 갈망하는 모든 이에게 선물하고 싶은 책이다.

이선아(SBS 라디오 PD)

내가 이 책에서 몇 번이고 읽은 제일 좋아하는 부분은 이렇다. 강의모 작가가 '직업의 세계' 인터뷰를 위해 찾아온 중학생 세 명과 와플가게에서 만난다. 왜 방송작가가 되었는지, 하는 일은 재미있는지 묻는 학생들에게 강 작가는 되묻는다. 그들이 아는 방송작가란 어떤 모습인지, 방송작가에게는 즐거운 일만 있을 것 같은지. 인터뷰가 끝났을 때, 강 작가는 자신이 학생들을 인터뷰해도 좋겠는지 역제안을 하면서 독후감과 독서에 관한 질문을 한다. 전직 국어교사이자 15년 가까이 방송에서 책하고 '놀아 본' 사람답다. 학생들의 답은 예상을 벗어나지 않는다. 그들은 '한때' 독서를 좋아했었으며, 지금은 책과 스마트폰 중에 스마트폰을 선택하겠다고.

그는 생각한다. 독서량이 꼭 중요할까? 동영상을 만들기 위해 그들은 토론을 하고, 스토리를 만들고, 자막을 뽑았을 것이니, 그것은 또 하나의 독서가 아니겠는지. 강 작가는 헤어지면서 "너희들이 어떤 책을 읽든, 무엇을 공부하든, 어떤 직업을 선택하든 지금처럼 늘 즐거움이 우선이 되면 좋겠다"라고 말을 던진다. 얼마 전 손자를 본 '할머니'라기에는 너무 멋지다.

이 장면에서 강 작가의 따뜻함과 쿨함, 말하기와 듣기, 세대간 소통, 독서의 본질 등에 관해 곰곰이 생각해 보게 되었다. 이 책의 곳곳에서 독자는 강 작가가 평범한 삶에서 발견한 평범하지 않은 진리들을 발견하게 될 것이다.

그와는 2013년 12월부터 매달 한 번씩 공식적인 녹음일에만 일흔두 번을 만났고, 그 외에도 밥을 먹고, 이야기를 나누기 위해 더 만나기도 했다. 나는 그에게 차 수십 잔을 얻어 마셨다. 별다방의 커피가 아니라 그가 직접 준비해 보온병에 넣어 오는 그 따뜻한 차를 말이다. 강의모 작가는 그런 따뜻한 차 같은 사람이다. 내가 아는 그는 인생 전반부보다 지금을 더 행복하게 살고 있으며 앞으로도 '책 읽는' 아니 '책과 노는 귀여운 할머니'로 재미있게 나이 들어갈 것이다. 여러분도 그가 따라 주는 따뜻한 차 같은 이 책을 지금 펼쳐 보시길.

김호(더랩에이치 대표)

강의모 작가는 곁을 내어 주는 사람이다. 삶의 무게를 견디지 못하고 주저앉았을 때, 헛발질로 한없이 부끄러웠던 순간마다 내 손을 잡아 주었다. 함께 책을 읽었고, 차를 마셨고, 이야기를 나누다 보니 지금 여기가 아닌 더 먼 곳을 볼 수 있었다. 세상을 향한 그의 열린 시선과 평온한 문장들을 천천히 따라가다 보면 느낄 수 있을 것이다. 당신 곁에도 누군가가 있다는 것을.

최영아(SBS 아나운서)

**읽기는
맛있는
기억이다**

라디오 독서 프로그램(SBS 러브FM '최영아의 책하고 놀자') 구성을 오래 맡고 있다 보니 책 추천 부탁을 종종 받는다. '인생 최고의 책', '나를 변화시킨 책', '최근 가장 재미있게 읽은 책' 등.

질문은 쉽지만 답하기는 참으로 곤혹스럽다. 분명 짜릿한 감동과 깊은 울림을 선물한 수많은 책들이 있었는데, 제목이며 내용이 잘 기억나지 않는다. 단지 몰입했던 순간들만 떠오를 뿐. 기억력이 좋지 않은 탓도 있겠지만, 아무래도 난 책에서 무엇을 얻기보다 읽는 행위 자체를 즐기는 것 같다.

어렸을 때 내게 책은 결핍이었다. 원하는 책을 척척 사 줄 만큼 부잣집이 아니었던 데다, 나이차 많은 언니, 오빠들 교육에 힘을 다 뺀 엄마는 늦둥이 막내딸에게 적당히 무관심했다.

어른들 틈에서 어찌어찌 한글을 깨치고 신문을 보는 아버지 옆에 붙어 앉아 떠듬떠듬 글자들을 읽었다. 그때는 한자를 많이 섞어 쓸 때라 내가 이해할 수 있는 내용이 별로 없었지만, 아침이면 종이신문을 기다리는 습관이 지금까지 이어져 오고 있다. 시장이 반찬이라고, 책에 굶주린 시절 읽을거리는 과자만큼 맛있는 그 무엇이었다.

초등학교 때 방학은 늘 시골 할아버지 댁에서 지냈다. 사촌, 오촌 들이 열심히 들고나던 그곳 사랑방에는 항상 책이 널려 있었다. 소년소녀동화전집 같은 게 어울릴 나이에 일본 역사소설 《대망》이니 월탄 박종화의 소설 《자고 가는 저 구름아》 같은 대하소설들을 줄줄이 읽어 냈다. 고모가 남긴 다섯 권짜리 《제인 에어》를 단숨에 읽고 감동에 빠지기도 했지만, 그때 읽은 책 중 '19금'도 적지 않았을 것이다.

이해가 되면 되는 대로 안 되면 안 되는 대로 나름 상상의 쾌락을 즐겼으나, 그 스토리는 전혀 기억나지 않는다. 다만 부작용으로 생뚱맞은 고민을 하며 잠을 못 이룰 때는 가끔 있었다. 말하자면, '소설 속 인물들은 인생행로가 다 결정되어 있는데, 나도 어떤 거대한 이야기의 한 부분이 아닐까?', '아니라면 내 스스로 내 삶을 만들고 바꿔 나가는 건 얼마나 두려운 일인가' 하는 꽤나 조숙한 고민이었다.

중학교 1학년 때 첫 중간고사를 앞두고 친구가 자기 집에서 같이 공부를 하자고 했다. 딱히 거절할 이유가 없었기에 양가 허락을 받고 냉큼 나섰다. 애초에는 혼자만의 공부방을 가진 친구에게 부러운 마음이 들어 선택한 외박이었는데, 그 집에 들어선 순간 시선을 붙잡은 건 거실에 있는 커다란 책장이었다.

졸음을 쫓는다며 귀한 커피를 타 준 친구가 곤하게 잠들어 버린 후, 살금살금 책장으로 다가가 책 몇 권을 빼들었다. 그렇게 잡은 황순원의 소설들을 읽다 보니 해가 떠오르고 있었다. 몇 시간 후면 학교에 가서 시험을 봐야 했지만, 어떤 두려움도 이 맛있는 시간을 방해할 수 없었다.

그때 시험을 어떻게 망쳤는지, 그 선택을 얼마나 후회했는지 같은 건 생각나지 않는다. 오직 책장을 넘기는 데만 열중하다가 아침을 맞았을 때 신비한 느낌에 사로잡히던 감동만이 강렬하게 남아 있다. 어쩌면 그 달콤하고 짜릿한 기억이 내 평생의 독서를 지배하는 지도 모른다.

책 프로그램을 맡은 이후로 참 많은 책을 모았다. 그만하면 어린 날의 결핍이 해소되었을 법도 한데, 욕심을 멈추기가 쉽지 않다.

잠자리에 들기 전, 머리맡 스탠드를 켜고 책을 펼친다. 비루했던 하루, 쓸데없이 분주했던 하루의 번뇌를 지우는 시간! 비록 돋보기를 챙기고 인공눈물로 건조한 눈을 적시는 사전 작업이 필요하다 해도, 소박한 쾌락을 위한 작은 의식으로 기꺼이 받아들인다.

어떤 책은 그대로 수면제가 되고 어떤 책은 잠을 통째로 날려 버리기도 한다. 전자는 어지러운 불면의 밤을 예방하니 좋고, 후자는 열세 살 소녀가 책장을 덮고 희뿌연 창밖을 보며 희열에 들뜨던 그 새벽으로 순간 이동시켜 주는 것 같아 뿌듯하다.

이른 더위 속에 여름나기가 걱정이지만, 나는 '이독치열 以讀治熱(읽음으로 더위를 이김)'을 믿는다. 다행히 지금 머리맡에는 여름밤을 삼킬 몇 권의 추리소설이 대기하고 있다.

읽으며 ―
―― 익어
갑니다 ―

어떤 것에 대해 미운 마음을 품거나 자기가 억울한 일을 당했다고 해서 꼬치꼬치 캐고 들거나 속상해 하면서 세월을 보내기에는 우리 인생이 너무 짧은 거란다.
샬럿 브론테, 《제인 에어》 중에서

> 쓸데없이 조숙했던 탓인지 《빨강머리 앤》보다는 《제인 에어》가 좋았다. 어렸을 때는 이 문장이 대체 무슨 뜻인지 몰랐으나, 30대를 지나 세찬 바람에 무릎을 수도 없이 꺾이다 보니 비로소 맞다!

넌 무엇을 기대했나? 그는 다시 생각했다. 기쁨 같은 것이 몰려 왔다. 여름의 산들바람에 실려 온 것 같았다. 그는 자신이 실패에 대해 생각했던 것을 어렴풋이 떠올렸다. 그런 것이 무슨 문제가 된다고. 이제는 그런 생각이 하잘것 없어 보였다. 그의 인생과 비교하면 가치 없는 생각이었다.
존 윌리엄스, 《스토너》 중에서

> 나이 들어 가장 맛있게 읽은 책은 존 윌리엄스의 소설 《스토너》다. 끝부분을 읽는데 마침 해가 지고 있었다. 죽어 가는 스토너는 스스로에게 "너는 인생에서 무엇을 기대했느냐"는 질문을 던지고 생각을 거듭한다. 숨을 죽이고 한 줄 한 줄 읽어 나갈 때 마치 그와 마지막 호흡을 함께하는 느낌이 들었다. 마침내 책장을 덮을 때 눈물이 주르륵 흘렀다. 독서에 몰입해 울어 본 경험은 그리 많지 않다. 그때 감동을 말로 표현할 수 없으니 그냥 행복했노라.

그 흔한
취미

"취미가 뭐예요?" 미팅이나 소개팅, 혹은 어색한 만남에서 상투적으로 나오는 질문이다. 묻기는 쉬워도 답은 늘 어려웠다. 하나의 취미로 정체성을 규정짓는다는 게 부담도 되고, 딱히 내세울 게 없어 부끄럽기도 했다. 이력서나 자기소개서 취미 칸을 채우는 것도 고민이었는데, 그나마 가장 무난한 건 독서와 음악감상이었다.

독서야 그렇다 치고, 멀티태스킹에 강한 요즘 사람들은 언제 어디서나 이어폰을 끼고 사는데 음악감상을 취미라 하긴 더욱 생뚱맞겠다.

20대에 접어들기 전 대학입시가 끝나자마자 작은 전파상에서 아르바이트를 했다. 손님이 적어 준 목록대로 LP에서 노래를 골라 카세트테이프에 녹음해 주는 일이었다. 송창식, 김정호, 양희은, 존 덴버, 킹 크림슨, 이글스 등, 음반을 찾아 한 곡 한 곡 고르고 듣는 건 물론, 나름 신경을 써서 A·B면의 노래 순서를 정하는 것도 꽤나 즐거운 일이었다.

그런데 1주일도 안 되어 다리가 퉁퉁 붓기 시작했다. 공부 외에는 처음 해 보는 일인 데다 주로 서서 하는 작업이다 보니 보통 힘이 든 게 아니었다. 그때 한 친구가 위로랍시고 이렇게 말했다. "취미가 일이 되면 원래 힘든 거야."

결국 한 달도 채우지 못하고 그만 두게 되었는데, 그래도 사장님은 열심히 일한 게 기특하다며 월급을 후하게 쳐 주셨다. 거기에 용돈을 조금 더 보태어 그 가게에서 조립 전축을 맞추었다. 내 생애 첫 오디오를 내 손으로 마련했으니 기쁨은 컸다. 취미를 살려 일을 하고, 그 일로 돈을 벌어 취미를 고양시켰달까, 이후로 내 방은 친구들의 음악감상실이 되었고, 때로는 작은 고고장이 되기도 했다.

인생은 돌고 돈다더니, 삶의 우여곡절 끝에 라디오 음악프로그램 작가로 뒤늦게 입문했다. 선곡표를 들고 음반실에 가서 CD를 고를 때면 가슴이 마구 뛰었다. 생방송 중에 즉시 선곡된 노래를 찾으려고 계단을 뛰어오르는 나를 보고 지나가던 PD가 그랬다. '나이는 많은데 행동은 제일 빠른 것 같다'고. 그만큼 신나는 작업이었으니, 나한테는 그보다 좋은 칭찬이 없었다.

지금은 선곡을 뮤직뱅크로 다 해결하므로 그런 시절도 다 추억에 묻혔지만, 노래 한 곡에 젊은 날의 한 장면이 오버랩될 때마다 짜릿한 흥분을 즐기는 건 여전한 나만의 행복이다. 그러고 보면 나이 들수록 가장 매혹적인 취미가 바로 '추억의 되새김'인지도 모르겠다.

은퇴를 앞둔 사람들에게 흔히 하는 덕담 중 하나가 "그동안 열심히 일했으니 취미생활이나 즐기시지요"다. 곧 퇴직하게 될 선배 하나는 그런 이야기를 들을 때가 가장 곤혹스럽다 했다. 이제까지는 취미 생각할 틈이 없다고 핑계를 댈 수 있었지만, 앞으로는 그게 통할 리 없으니 슬프다는 말도 했다.

불행 중 다행일지, 프리랜서인 나의 은퇴는 비교적 서서히 진행되고 있다. 일이 하나씩 빠지며 시간은 늘어나고 수입은 줄어든다. 커지는 것과 작아지는 것, 어느 쪽에 시선을 두느냐는 오직 내 마음에 달렸다.

은퇴 후 시골마을로 낙향한 지인은, 노후를 행복하게 하는 세 가지 취미로 원예, 여행, 자원봉사를 꼽았다. 내게 적용하자면, 집안에서 화분 서너 개 돌보는 것도 원예고, 멀지 않은 곳에 가서 트래킹을 즐기는 것도 소소한 여행의 행복이니 크게 돈 들 일이 없다. 자원봉사 역시 여생의 숙제로 삼아 계속 탐색 중이다.

무라카미 류는 《무취미의 권유》라는 책에 이렇게 썼다.

취미의 세계에서 자신을 위협하는 것은 없지만 삶을 요

동치게 만들 무언가를 맞닥뜨리거나 발견하게 해 주는 것도 없다. 가슴이 무너지는 실망도, 정신이 번쩍 나게 하는 환희나 흥분도 없다는 말이다.

이제껏 나는 삶을 요동치게 할 즐거움 따위는 결코 기대해 본 적이 없다. 원하지 않아도 느닷없이 업어치기 메치기를 당하는 게 인생이기에, 지루하더라도 잔잔한 평화가 좋다.
그래서 여전히 나의 취미는 그 흔한 독서와 음악감상이다.

읽으며 —
—— 익어
갑니다 —

비즈니스맨이든 학생이든 소설가든 어떤 직업이든 문제는 책을 읽느냐 읽지 않느냐가 아니다. 어떤 정보가 필요해서 독서를 하는지 스스로 분명하게 파악하고 있는지가 관건이다. 물론 어떤 정보를 필요로 하는지 스스로 정확하게 안다는 게 그리 호락호락한 일은 아니다. 예컨대 대대적인 경영혁신에 나선 경영자에게 필요한 정보는 잭 웰치 전 GE 회장의 경영서가 아니라 논어論語에 있다는 말을 심심치 않게 듣는 것도 그래서이다.

무라카미 류, 《무취미의 권유》 중에서

> 누군가에게 내 성향을 오롯이 내보이는 일은 부담스럽다. 취미를 말하는 것도 그렇다. 무색무취의 담백함을 유지하고 싶다. 어떤 책을 좋아하는지 취향을 이야기하는 것도 참 어렵다. 소설이든 철학이든 에세이든 자기계발서든 읽는 내내 몰입할 수 있으면 다

좋다. 필독서라든가, 좋은 책이라고 권유를 받은 경우라든가, 혹은 업무상 필요한 책을 어떻게든 끝내고자 노력하며 읽을 때는 내가 무척 가식적인 사람이 된 것 같아 껄끄럽고 불쾌해진다. 책을 읽으며 번개 같은 깨달음에 도달하기를 기대하는 것은 아니다. 다만 무턱대고 책을 읽다 길을 잃는 어리석음은 피해야 할 것이다.

이름이
뭐라고

박완서의 소설 《아주 오래된 농담》을 읽다가 이름에 반한 꽃이 있다. '능소화'. 배경의 농염한 분위기도 한몫했겠지만, 도발적이되 천박하지는 않은 느낌이랄까. 검색을 해 보니 옛날에는 양반집 마당에만 심을 수 있었다 하여 '양반꽃'이라고도 불린다 했다.

그리고 한두 해쯤 지난 늦여름, 단독주택이 많은 골목길에서 돌담 위로 흐드러진 능소화를 드디어 만났다. 상상했던 이상으로 아름다웠다. 그때만 해도 흔하지 않았기에 집에 와서도 눈에 어른거렸다. 생각날 때마다 입에서 이름을 살살 굴려 보았다. '능소화'. 지금은 동네 개천에만 내려가도 줄줄이 피어 있어서 별 감흥이 없지만, 이름은 여전히 지극히 사랑스럽다.

가끔 이름에 끌려 과소비를 한다. 얼마 전에는 SNS에서 판매 홍보 글을 보다 '풋귤'이란 이름이 예뻐 충동적으로 주문을 하고 풋귤청을 만들었다. 씻고 칼질하느라 팔이 아팠지만, 'ㅍ'을 소리 낼 때 상큼하게 터지는 느낌이 간지러워 고생 따위는 쉽게 잊었다. 풀잎을 부를 때는 입속에서 푸른 휘파람 소리가 난다고 했던 시인(박성룡의 시 '풀잎')의 마음도 이랬을 거야 하면서.

며칠 전 계약 건으로 한 사무실을 찾았다. 서류를 내미니 담당자는 얼핏 이름만 보고 퉁명스럽게 말했다. "본인 아니시죠? 위임장 가져오셔야 합니다." 자주 겪는 일이라 대수롭잖게 신분증을 내밀며 '접니다' 했다.

접수대 한편에 붙은 위임장 견본을 보니, 위임인 칸에 '홍길동', 대리인 칸은 '전지현'이 적혀 있었다. '그래, 여자 이름이 저 정도는 되어야 인정을 받지' 하며 혼자 피식 웃고 말았다.

작명에도 유행이 있다. 그래서 어떤 경우는 이름만 듣고도 나이대를 대충 짐작한다. 우리 때는 '숙'자, '희'자로 끝나는 이름이 흔했고 은주나 영주 정도면 매우 세련되어 보였다. 한때는 한글 이름이 성행한 적도 있는데, 요즘은 서윤, 하은 같은 이름이 대세란다. 개명 절차가 쉬워진 탓인지 4~50대, 심지어 60대 지인이 그런 발랄한 이름으로 바꿔 달고 나타나기도 한다.

그래도 난 여태 버티며 살아왔으니 별난 이름 때문에 울고 웃은 개인적인 에피소드는 차고도 넘친다. 그렇다고 딱히 다른 이름을 부러워해 본 적은 없다. 그 뒷일이 얼마나 복잡하고 성가실까 싶어 개명은 생각조차 안 해 보았다. 그저 이름도 타고나는 것으로 여기려 노력했다.

초보운전 시절 겁 없이 과속을 하다가 교통경찰에게 딱 걸렸다. 아주 신기한 걸 발견했다는 듯이 면허증을 살피던 경찰이 물었다. "이 이름은 어떤 한자를 씁니까?" 나는 공손하게 손을 모으고 대답했다. "마땅할 '의'에 모범 '모'. 마땅히 모범을 보이는 사람이 되라고 할아버지께서 지어 주신 이름인데 그 뜻을 거스르고 말았네요. 죄송합니다. 앞으로 잘 하겠습니다." 사람 좋아 보이던 그 경찰 아저씨는 한바탕 웃고 나서 "좋은 이름이네요" 하고는 그냥 보내 주었다. 그래도 되는 시절이었다.

발음이 어려운 탓에 수많은 사람들의 이모가 되고, 성별이 남㉠으로 분류되는 건 다반사. 심할 때는 화도 내 보았지만, 이젠 오히려 느긋하게 그들의 당황과 놀람을 즐기는 경지에 이르렀다.

라디오 작가로 원고를 쓰게 되었을 때, 가장 흥미로웠던 건 내가 아닌 다른 사람의 이름으로 말을 한다는 것이었다. '안녕하세요. OOO입니다'로 시작하는 오프닝을 쓰려면, 그 OOO의 마음을 읽고 나의 생각과 잘 버무려야 한다. 그동안 꽤 많은 그와 그녀의 이름으로 글을 쓰고 돈을 벌면서 나름 그 시간들을 즐겼다. 간혹 나의 오타가 남의 이름으로 실수가 되는 부끄러운 일도 생겼지만, 그조차도 즐거운 수다거리로 남았다. 여럿의 이름 뒤에 숨어 그들의 말을 같이 만들다 보니 보이는 세상은 조금씩 넓어지고, 내 이름이 새삼 소중해졌다.

어느 날 시 제목 하나가 눈에 들어왔다. 박준 시인의 '당신의 이름을 지어다가 며칠은 먹었다.' 대필작가로 잠깐 생활비를 벌어 본 적도 있는지라 첫 행을 읽기도 전에 시큰해졌다. 그리고 기어코 내 이름을 저자로 하여 책을 냈다.

다 이름 탓이다. 아니, 이름 덕분이다.

읽으며 ─
── 익어
갑니다 ─

편견을 가지고 있다고 해서 누구나 그것을 내뱉는 것은 아니다. 하지만 옆 사람이 그런 말을 하는 것을 듣는 순간 얘기가 달라진다. "어라, 저렇게 말해도 괜찮네." 한 사람, 두 사람 거침없이 혐오를 드러내기 시작하고 어느 순간 더욱 강도 높게 말하는 것이 인기를 끌게 되어 혐오표현에 대한 비판적 문제의식을 무력화시키기도 한다.
홍성수, 《말이 칼이 될 때》 중에서

> 프로그램 섭외나 협조 요청 등으로 낯선 이들과 통화를 자주 한다. 이름을 정확히 밝혀야 할 때는 늘 기계적으로 말한다. '의자' 할 때 '의', '모자'할 때 '모'입니다. 출판 관계자들 중에는 오래 교류를 하다 보니 이름을 기억해 주는 분들이 많다. 한번 저장하면 여간해서는 잊기 어려운 이름이 때로는 고맙다. 뭔가 예사롭지 않은 이름을 가

> 진 사람을 만나면 둘만 아는 끄덕임으로 쉽게 친해지기도 한다.

나는 타인에게 별생각 없이 건넨 말이 내가 그들에게 남긴 유언이 될 수 있다고 믿는다. 그래서 같은 말이라도 조금 따뜻하고 예쁘게 하려 노력하는 편이다. 말은 사람의 입에서 태어났다가 사람의 귀에서 죽는다. 하지만 어떤 말들은 죽지 않고 사람의 마음속으로 들어가 살아남는다.
박준, 《운다고 달라지는 일은 아무 것도 없겠지만》 중에서

> 별난 이름 탓에 참 많은 수난을 겪었으나, 나 또한 예쁘지 않은 말로 누군가를 아프게 한 적이 있었을 테니 함께 용서하고 용서받고자 한다.

**햇빛을
모으는
시간**

 가을이 깊어지며 기온이 뚝 떨어진 저녁, 총총히 아파트 현관에 다가서는데 펼쳐 놓은 돗자리가 발에 걸렸다. 호박과 가지 조각을 오종종 늘어놓은 모양이 정겨웠다. 마침 걷으러 나온 할머니와 인사를 나누면서 "사람들 지나다니는 길이라 먼지가 많이 앉겠어요" 했더니 "뭐, 말리는 재미지. 옛날 생각하면서" 하며 웃으셨다.

 어렸을 적 이맘때면 어머니도 많은 것을 널어 말렸다. 커다란 무를 조각내서 들마루에 펼치고, 처마 밑에는 무청이 줄줄이 걸리고, 빨랫줄에는 호박고지가 주렁주렁. 채반에 늘어놓은 고구마 말랭이는 식구들이 오가며 집어먹는 통에 거둘 때는 반도 안 남곤 했다.

 아마도 그 시절 주부들의 부엌살림 중 절반은 제때 식재료의 갈무리였을 것이다. 봄이면 갓 캐낸 여린 통마늘을 식초에 절였다가 간장물을 끓여 장아찌를 담갔다. 여름이면 밥도둑 오이지를 한두 접씩 서너 번은 만들고, 풋고추 한 광주리 사다가 큰 건 소금에 삭혀서 지고추(삭힌

고추), 중간 크기는 식초간장물에 초고추를 담갔다. 그런 저장음식들은 1년 내내 식구 많은 집 밥상의 기본 찬들이었다.

 나이 들면서 나도 모르게 철마다 어머니 흉내를 낸다. 마음먹고 배운 게 아니다 보니 더러 실패도 하지만, 무엇보다 봄과 여름의 저장음식 대부분은 부피가 커진다는 게 문제다. 재료가 절임물에 푹 잠겨야 하니 커다란 단지들이 필요하고, 그것들을 서늘한 곳에 두어야 하는데 베란다는 좁고, 냉장고에 넣자니 공간이 절대 부족하다. 먹어 줄 식구도 없는데, 종가 맏며느리였던 어머니 손을 기억하는 탓이다. 종내는 저장이 곧 욕심임을 깨닫고 나누어 줄 궁리로 바쁘게 된다.

 그나마 가을의 저장은 부피를 줄일 수 있으니 좋다. 늦여름 친구네 농막에서 얻어 온 붉은 고추 여남은 개를 반찬 만들 때 써먹을 요량으로 베란다에서 말려 보았다. 햇살이 닿았다 말다 하는 곳이라 꽤 오래 걸렸지만, 마른 껍질 안에서 씨앗이 달가닥거리는 소리가 경쾌했다. 내친김에 호박을 몇 개 썰고 무명실에 요령껏 꿰어 빨래건조대에 얼기설기 걸쳐 말렸다. 삶은 고구마도 서너 개 썰어 작은 채반에 담고 곰팡이라도 생길 새라 하루에도 몇 번씩 뒤적이며 공을 들였다.

 친구에게 자랑삼아 이야기를 했더니 칭찬은커녕 면박

이 돌아왔다. 없는 시간에 좁은 아파트 베란다에서 그런 수고를 하냐며, 비싸지도 않으니 가정용 건조기 하나 장만하라는 거였다. 잠시 솔깃하기는 했다. 하지만 아무리 효율이 좋다한들, 전깃불에 수분을 날린다는 건 무엇보다 참 재미없는 일이라는 생각이 들었다. 쾌청한 가을 한낮, 정직한 햇살 아래 내놓고 싶은 건 툭하면 눅눅해지는 내 마음이기도 하니까.

곁에 두고 가끔 펼쳐 읽는 칼하인츠 A. 가이슬러의 《시간》이라는 책에 이런 글이 나온다. 레오 니오니의 동화 《프레데릭》을 인용한 부분이다.

> 곧 겨울이 되기 때문에 작은 들쥐들은 옥수수, 호두, 밀, 짚을 모으기 시작했다. 쥐들은 모두 밤낮을 가리지 않고 일을 했다. 프레데릭을 제외하고. 들쥐들이 물었다. "프레데릭, 왜 일을 안하는 거니?" 프레데릭이 말했다. "나도 일하고 있어. 나는 춥고 어두운 겨울날을 위해 햇빛을 모으고 있는 거야."

이제 곧 서늘한 가을비가 들이닥쳐 계절에 경계를 세우려 할 것이다. 늦기 전에 햇생강을 얇게 저며 베란다에 펼치고, 쪼그리고 앉아 두손으로 햇살을 모았다. 그러고 나서는 TV에서 본 아이돌 가수의 손짓을 따라하며 혼잣

말을 해 보았다.

"오늘 이 햇빛, 내 마음속에 저장!"

읽으며 ─
── 익어
갑니다 ─

시간은 무형의 것처럼 보인다. 빛이나 소리와 달리 시간은 그 자체로 존재하는 것이 아니라 시간 속에서 일어나는 사건의 속성인 것처럼 여겨진다. 어떤 사람은 심지어 "사건은 지각되지만 시간은 지각되지 않는다"고까지 말했다. 시간이 어떻게 지각되는가 하는 문제는 시간을 감지하는 기관이 없다는 것 때문에 더욱 복잡해진다.
스튜어트 매크리디 엮음, 《시간에 대한 거의 모든 것들》 중에서

> 우울한 날에는 재래시장으로 놀러간다. 푸성귀를 보면 긴장하게 된다. 싱싱한 채소를 마구 쓸어 담고 집에 와서 후회하는 일이 빈번하므로. 장바구니 가득 채운 그것들을 다듬고 씻고 절이고 버무리고 나면, 대체 시간을 낭비한 건지, 노동을 저장한 건지 스스로 헷갈리지만. 그 사이 내 우울은 어디론가 날아갔다. 한때는 '시간'과 싸우며

> 산다고 생각했던 적이 있으나, 지나고 보니 바위에 계란을 친 셈이다.

이 물은 흐르고 흐르며 영원히 흘러가지만 언제나 그곳에 있다는 것을! 그리하여 언제나 같은 물이지만 순간마다 새로운 물이라는 것을.

헤르만 헤세, 《싯다르타》 중에서

> 10대 말쯤 헤르만 헤세의 《싯다르타》를 읽었다. 《데미안》을 읽고 '아프락사스'를 오래 생각했다면, 《싯다르타》가 내게 남긴 것은 '강물'과 '시간'이다.

돌아선다는 것

작년 봄 버킷리스트 중 하나를 해결했다. 가장 소박한 DSLR을 마련하고 비영리단체인 바라봄사진관의 사진 교실에서 저렴한 비용으로 기초수업을 받았다. 선생님이 물었다. 어떤 사진을 찍고 싶으냐고. 아직 카메라 조작도 어색한데 어떤 대답을 해야 할지 몰라 우물쭈물하고 말았지만, 사실 오래 전부터 꿈꾸어 온 주제는 사람을 포함한 사물들의 '뒷모습'이었다.

미셸 투르니에는 사진 에세이 《뒷모습》의 글을 이렇게 시작한다.

남자든 여자든 사람은 자신의 얼굴로 표정을 짓고 손짓을 하고 몸짓과 발걸음으로 자신을 표현한다. 모든 것이 다 정면에 나타나 있다. 그렇다면 그 이면은? 뒤쪽은? 등 뒤는? 등은 거짓말을 할 줄 모른다.

과연 그럴까?

기온이 급속히 떨어지던 어느 늦은 밤이었다. 모임에 참석했다 돌아오는 길, 환승정류장에서 매서운 찬바람에 덜덜 떨며 버스를 기다리고 있었다. 추위는 왜 쓸쓸함을 품고 오는지. 유독 눈에 띄는 커플들의 달달한 행각에 곱지 않은 눈길이 자꾸 가닿았다.

내가 타야 할 버스는 10분 후에나 도착 예정이었고, 모여 있는 사람들은 버스가 속속 도착할 때마다 흩어지고 사라져 갔다. 짧지 않은 시간 동안 그들의 다양한 풍경을 흥미롭게 관찰했다.

주머니에 손을 함께 넣고 뺨을 부비며 애틋한 눈으로 서로를 더듬던 한 커플 앞에 버스가 당도했다. 승차하기 직전까지 진한 포옹을 풀지 않던 그 둘은 여자가 버스에 오르자 남자만 남게 되었다. 버스는 출입문을 닫았지만 곧 신호등에 멈추어 섰고 여자는 버스 안에서 창문 밖 남자에게 손을 흔들고 있었다. 그러나 남자는 이미 뒤돌아서 전화기 버튼을 누르는 중이었다. 남자의 등을 바라보는 여자의 눈에 서운한 표정이 어른거렸다.

남자의 다급한 목소리가 내게는 들렸다. "엄마, 죄송해요. 전화 온지 몰랐어요. 지금 들어가요. 편의점 들러서 사 가지고 갈게요." 남자는 통화를 하며 길 건너 지하철역으로 뛰어갔다. 어머니가 그에게 무엇을 부탁했는지는 알 수 없다. 어쨌든 그는 길을 건넜고 버스는 천천히 떠났다. 그녀는 급하게 돌아선 그의 등에서 무엇을 읽었을까. 닫힘을 보았을까, 열림을 보았을까.

슬그머니 웃음이 나왔다. 아마 내 아들도 저러했으리라.

방심한 뒷모습은 죄가 없다. 등에까지 의도한 표정을 담아야 한다면 삶은 또 얼마나 더 많이 힘들고 피곤하랴. 그러나 누군가에게, 특히 사랑하는 이에게 등을 보인다는 건 참으로 용감한 일이다. 때로 무모한 용기다.

투르니에는 또 이런 말도 남겼다.

뒷모습은 스스로를 밝히지 않는다. 하지만 마주한 이를 속이지도 않는다. 진실은 이 사이, 밝히지 않는 것과 속이지 않는 것 사이에 있다. 뒷모습이 요령부득으로 느껴진다면 이는 진실이 요령부득이기 때문이다.

또 한 해를 떠나보낼 시간이 가까워지고 있다. 그것이 잘 지낸 시간인지, 오욕만 가득했던 시간인지는, 늘 그랬듯이 요령부득要領不得이다. 어쩌면 그 해독이 어려워 내가 먼저 미래의 시간 쪽으로 서둘러 돌아서 버리는지도 모른다.

나는 나의 뒷모습을 볼 수 없기에, 가끔 해를 등지고 서서 내 앞으로 길게 뻗은 그림자를 오래 지켜본다. 돌아선다는 것은, 마주볼 때의 모든 색채와 감정을 지우고 그림자처럼 담백한 어둠을 응시하는 것일 수도 있겠다.
남은 한 달은 그렇게 차분한 작별의 시간을 가져야겠다.

읽으며 —
—— 익어
갑니다 —

공간은 미련을 갖지 않는다. 시간도 미련을 갖지 않는다. 그러나 나의 육체는 미련을 떠나지 못한다. 그래서 다 끝난 거야, 내일을 생각해야지, 하고 나는 말해도, 나의 육체는 미련을 버리지 못한다. 육체는 미래를 모른다.
김진영, 《이별의 푸가》 중에서

> 일과를 마치고 잠자리에 누워 지난 하루를 복기하는 버릇이 있다. 아니, 있었다. '그러지 않았으면 좋았을 걸', '이래야 했을 걸' 되돌릴 수 없는 시간들을 이리저리 굴려 보면서 스스로를 괴롭히는 시간이었다. 지나간 것은 지나간 대로 두어야 하는 것을. 뒷모습이 밉든 곱든 그냥 보내야 하는 것을. 미련한 습관이었다.

다가오는 것

길을 걷고 있는데 맞은편에서 어떤 이가 활짝 웃으며 다가온다. 순간 갈등한다. '누굴까? 모르는 얼굴인데.' 마주 웃어야 할지 말아야 할지, 몇 걸음 가까워지는 아주 짧은 순간이 매우 혼란스럽다. 잠시 미적거리는 사이, 그는 나 따위는 거들떠보지도 않고 휙 지나가 버린다. 황망하여 돌아보니 내 뒤의 누군가와 반갑게 인사를 나누고 있다. 배신감이랄까, 안도감이랄까. 당혹한 감정을 헛웃음으로 눙치며 다시 길을 걷는다. 이런 경험이 내게만 있는 것은 아니리라. 나를 향해 다가오는 줄 알았는데 순식간에 스쳐 지나가 버린 그 또는 그것.

작년 말 오래 전에 잠시 알았던 지인을 우연히 만났다. 그는 영화를 보다가 여주인공의 표정에서 갑자기 내 얼굴을 떠올렸다고 했다. 집에 돌아오자마자 IPTV로 그가 말한 영화 〈다가오는 것들Things to Come〉을 찾아냈다.

보는 내내 이자벨 위페르의 강퍅한 표정에 마음이 쏠려 영화에 제대로 집중하지 못했다. 되잖게 나의 삶을 투영시키다 보니 좀 아프기도 했다. 그리고 1년이 지나 비오는 크리스마스이브에 이 영화가 문득 생각났다. 다시 결제를 하고 텅 빈 마음으로 화면을 지켜보았다. 처음에는 보지 못했던 것들이 눈에 들어왔다.

영화 속에는 이자벨 위페르가 혼자 빠르고 조급하게 걷는 장면이 유독 많이 나온다. 늙음에 저항하며 딸의 삶을 훼방하는 홀어머니, 25년을 함께 살다 갑자기 다른 여인에게로 떠나 버리는 남편. 철학교사로서 올곧게 지켜온 자신의 가치를 훼손하려는 출판사 등. 잔인하게 다가오는 그 모든 것들을 빠르게 지나치고자 그녀는 그리도 걸음을 재촉했을까?

빠르게 다가온 건 금세 지나간다. 그리고 머지않아 잊힌다. 천천히 다가온 건 서서히 스미며 오래 남아 생을 지탱한다. 그녀를 절망시켰던 것들은 다가온 속도대로 사라졌다. 그녀를 지킨 건 오랫동안 마주하며 착실하게 쌓아온 이성과 가치였다.

그녀는 수업을 하며 이런 글을 읽는다.

원한다면 우리는 행복 없이 지낼 수 있다. 우리는 행복을 기대한다. 만일 행복이 안 온다면 희망은 지속되며 환영의 매력은 그것을 준 열정만큼 지속된다. 이 상태는 자체로서 충족되며 그 근심에서 나온 일종의 쾌락은 현실을 보완하고 더 낫게 만들기도 한다.

영화평론가 이동진은 영화 〈다가오는 것들〉을 이렇게 말했다. "바람 불어 오는 삶의 한 지점에서 온전히 자유와 품위를 찾아낸 한 인간의 여정을 다룬 탁월한 여성영화이면서 감동적인 휴먼드라마다."

자유와 품위, 내 생각에 이 둘을 갖추는 건 모든 걸 가지는 것이다. 또한 이것은 젊은 날에는 감히 욕심낼 수 없는 경지다. 늙음을 감추지 않는 이자벨 위페르의 얼굴과 몸은 얼마나 당당한가. 쓸쓸하고 허탈해지기 쉬운 연말에 이 영화로 마음을 다독인 건 참 좋은 선택이었다.

박재삼의 시 '천 년의 바람'이 생각났다. 오래되어 속종이가 누렇게 변한 시집을 꺼냈다.

천 년 전에 하던 장난을
바람은 아직도 하고 있다.
소나무 가지에 쉴 새 없이 와서는
간지러움을 주고 있는 걸 보아라
아, 보아라 보아라
아직도 천 년 전의 되풀이다
그러므로 지치지 말 일이다
사람아 사람아

이상한 것에까지 눈을 돌리고
탐을 내는 사람아

  이 시에 매료되었던 게 20대 초반인데, 여전히 좋다. 이미 그때부터 천 년의 바람 속에 내 삶을 아주 작은 점으로 보고자 노력했던 모양이다. 어쩌면 그 여전함이 그동안 내게 다가온 것들 속에서 나를 버티게 하는 힘이었을 지도 모른다.

  다가오는 것은 지나가는 것이다. 이제 세 걸음 남은 올해도 성급하게 마주하면 그만큼 빨리 스쳐갈 것이기에, 되도록 느긋한 맘으로 천천히 맞을 참이다. 자연에 반항하지 않는 속도로.

읽으며 —
— 익어
갑니다 —

흘러가는 세월이 손가락 사이로 빠져나가는 한 줌의 모래처럼, 혹은 우리를 노쇠하게 만드는 어떤 것으로 보인다면 우리는 불행한 것이다. 반대로 생각을 바꿔서 흘러가는 세월이 우리를 보다 더 완성시켜가고 있다고 여기면 더 큰 행복을 느낄 수 있다.

앙투안 드 생텍쥐페리, 《우리가 사랑해야 하는 이유-생텍쥐페리 잠언집》 중에서

> 잠 못 이루는 밤, 깊은 정적은 시끄럽게 귀를 울린다. 움직이고 소리를 내는 무엇이 그리워지는 시간이다. 고요는 기다림의 소음이다. 황지우 시인은 '너를 기다리는 동안'이라는 시에서 이렇게 말했다.
>
> 네가 오기로 한 그 자리에
> 내가 미리 가 너를 기다리는 동안

다가오는 모든 발자국은
내 가슴에 쿵쿵거린다

다가오는 발걸음에 숨죽이다 이내 무심히
지나쳐 갈 때, 누구는 실망하고 또 누구는
안도한다.

**바람의
지표**

 내가 사는 집 근처에는 수양버들이 유난히 많다. 이웃 동네 이름에 버들 류柳가 들어 있는 것도 그 까닭이지 싶다. 언제 적어 놓았던지 독서록에 이런 글이 남아 있다. "수양버들은 슬픈 나무임에 틀림없다. 세상 모든 눈물의 무게를 매단 채 가지를 땅으로 기울이고 있으니까." 책 제목과 지은이는 적어 놓지 않아 감감한데, 그 구절은 오래 살아 있다.

 한여름 지치고 피곤할 때 무겁게 늘어진 버들가지를 보면 그런 슬픔이 차오르기도 한다. 그러나 이 계절은 아니다. 서둘러 연녹색 잎을 틔운 실버들이 바람에 한들거리는 모양을 보면 마음이 싱숭생숭해진다.

 라디오작가 초보 시절, 식목일 특집회의에서 내 아이디어가 뽑혀 첫 전체 구성을 맡았다. 장 지오노의 《나무를 심은 사람》을 바탕으로 미니드라마를 꾸몄다. PD는 첫 곡으로 시인과촌장의 '새봄 나라에서 살던 시원한 바람'을 골랐다. 방송을 마치고 집으로 돌아오는데 그날따라 저녁 햇살이 참 고왔다. 수양버들 길게 늘어선 물가에 차를 세우고, 해가 질 때까지 바람이 만들어 내는 그림을 감상했다. 한적했던 그곳도 아파트 단지가 생겨 동네 풍경이 많이 달라졌다. 그래도 드문드문 남은 수양버들은 여전히 바람에 한들거리며 계절을 그려 내고 있다.

지난 주말 조금은 이색적인 전시회에 다녀왔다. 혜원과 겸재, 두 화가의 그림에 미디어아트 기술을 접목시킨 것이 흥미로웠다. 솔직히 말하면 '바람을 그리다'라는 제목에 이끌린 걸음이었다.

혜원 신윤복의 풍속도는 사람들 가슴 속에 부는 바람을, 겸재 정선의 산수화는 우리 강산에 부는 바람을 그렸다 했다. 말 타고 나들이 따라나선 여인네들 머리에서 나풀거리는 진달래꽃 핀 가지, 한 발을 그네에 얹고 힘차게 구를 때 경쾌하게 펄럭이는 여인의 치맛자락. 신윤복이 그려 낸 여인의 봄바람은 보는 마음까지 설레게 했으나, 해금강 굽이치는 파도에 굵은 바람을 실은 정선의 그림에서 평정심을 되찾았다.

얼마 전 라디오 공개방송 현장에서 장사익 선생을 뵌 적이 있다. 곱게 한복을 차려입은 그가 애절한 해금 연주에 맞추어 '봄날은 간다'를 목청껏 뽑을 때 온몸에 전율이 일었다. "연분홍 치마가 봄바람에 휘날리더라." 첫 소절에 이미 눈물 한 방울이 툭! 기다린 봄날을 제대로 맞이하기 전에 보내는 슬픔부터 간을 보는 게 경험의 삶이려니. 세월의 바람은 그렇게 사람을 단련시킨다.

서정주 시인은 "나를 키운 것은 8할이 바람"이라 했다. 그리 보면 나를 지켜 준 건 8할이 바람이다. 때로는 미풍, 대체로 삭풍이. 다른 작가의 표현을 빌자면, "바람이 분다. 살아야겠다"였다.

김애란의 소설 《두근두근 내 인생》에는 이런 구절이 있다.

자연은 해마다 같은 문제지를 받고, 정답을 모르면서 정답을 쓴다. 계절을 계절이게 하는 건 바람의 가장 좋은 습관 중 하나다.

'바람이 분다'는 말이 계절마다, 또 나이에 따라 다른 느낌인 이유도 아마 그 '정답 없음'에 해당할 것이다.

어쨌든 내게 바람의 지표는 나무다. 내 방 책상에서 창문 밖으로 벚나무 한 그루가 내려다보인다. 아침이면 여린 가지들의 술렁임을 보며 바람의 세기를 가늠한다. 뿌리 깊은 나무는 바람에 아니 흔들린다 했는데, 잔뿌리에서 벋어 난 생각들은 늘 요동을 친다. 그럴 때마다 같이 흔들려 주는 실가지들이 참 고맙다.

읽으며 ─
─── 익어
갑니다 ─

알게 되는 것도, 알아가는 것도 나이가 하는 일, 맞습니다.
이병률, 《바람이 분다 당신이 좋다》 중에서

> 인생에서 가장 힘든 시기를 보낼 때 나의 악몽은 이런 것들이었다. 시험 답안지에 번호를 하나씩 밀려서 쓴 걸 확인하는 순간 종료 벨이 울린다. 알 수 없는 문제들만 가득한 시험지라 아무 답도 쓸 수 없었다. 심각한 위기상황에서 도움을 요청하려는데 전화기 버튼이 눌러지지 않는다. 현실이 아무리 잔혹해도 그런 꿈속보다는 나았다. 언젠가부터 꿈을 꾸지 않는 밤이 많아졌다. 잠은 온전히 나를 내려놓는 시간이므로 '꿈을 기억하지 못한다는 것'은 '평화롭다'의 다른 말이다.

아무나
이겨라

매달 두 개의 독서모임이 있다. 사회복지에 관심을 둔 지인들과 꽤 오래해 온 독서회. 또 하나는 우연한 만남으로 서먹하게 끼어든 모임. 둘 다 밥 먹고 안부 나누는 게 우선이지만, 책을 골라 읽고 짧게나마 각자의 생각을 나누는 재미가 각별하다. 같은 책을 대할 때도 성별, 직업, 나이, 경험 등에 따라 색다른 관점을 갖는 건 더욱 흥미롭다.

두 번째 모임에서 서효인의 《이게 다 야구 때문이다》를 읽은 적이 있다. 나를 뺀 모두가 야구마니아라 책은 뒷전에 놓고 자신들의 야구 이야기에 빠졌다. 10대에도 20대에도 덕질 팬질은 물론, 취미도 특기도 심지어 연애도 뜨겁게 해 본 기억이 없으니. 팬심을 불태우는 그들을 부러워하며 조용히 그들의 열정을 관전했다. 매사에 심드렁한 내 자신이 새삼 한심했다. 이참에 나도 꼭 하나의 팀을 골라 마음을 쏟아 보리라 다짐했다.

탐색 끝에 날을 잡아 회원 둘과 잠실야구장에서 만났다. 마침 스트레스로 머리가 지끈거리던 참이었다. 북적이고 술렁이는 사람들의 활기가 무엇보다 좋았다. 어느 팀이 이기든 지든 상관없었다. 던지고 치고 달리고 잡는 순간들이 다 신기했다. 동행은 응원팀이 안타와 홈런을 팡팡 터뜨릴 때마다 환호했지만, 나는 그 팀의 모든 타자가 출루하며 대승을 하는 와중에 헛스윙 연발로 끝내 교체 당한 9번 타자가 더 눈에 밟혔다.

역시 누군가에게, 어떤 편에게 마음을 쏟는다는 건 참 피곤한 일이다. 결국 마음을 고쳐먹었다. 불꽃 튀는 야구 이야기 속에서 홀로 서먹할 지라도 '아무나 이겨라'의 자유와 평안을 계속 유지하는 쪽으로.

최근 롤프 도벨리의 《불행 피하기 기술》이라는 책을 머리맡에 두고 읽었다. 52개의 기술 중 '모든 것에 뚜렷할 필요는 없다'는 항목에 이런 글이 있다.

> 모든 것에 대해 의견을 가지고 있을 필요가 없다는 생각은 해방감을 선사해준다. 의견이 없다고 지적知的으로 떨어지는 사람은 아니다. 의견이 없다는 사실에 대해 부끄러워하지 말라. 의견이 없다는 것은 우리가 누릴 수 있는 자유이자 권리다. 오늘날 진짜 문제는 정보의 과부하가 아니라 의견의 과부하다. 세상은 당신의 코멘트 없이도 잘 돌아갈 것이다.

야구가 끝나고 집에 돌아오는 길이었다. 지하철 출입문 앞에 섰는데, 뒤편의 소음에 자꾸 신경이 쓰였다. 40대 중반쯤 되었을까, 고향친구인 듯 같은 사투리를 쓰는 남자 둘의 설전이었다. 그들은 노동정책이 어떻다는 둥, 거시경제가 어떻다는 둥, 마구잡이 뜬구름 토론을 벌였다. 하필 내리는 역도 같아서 뒤를 따라 걸었다. 그들은 끝내 삿대질을 하며 "야, 이 궤변쟁이야!", "아이구, 이 무식쟁이야!" 소리를 질러 댔다. 순간 뒤통수를 한 대씩 후려치며 외치고 싶었다. "적당히 싸우고 아무나 좀 져라!"

어쨌든 그날의 야구장 체험은 매우 행복했다. 하나가 아닌 모든 팀을 응원하는 팬으로 자주 찾아가서 즐기고 싶어졌다. 시원한 맥주와 엄청난 먹을거리들을 두루 맛보면서, 목이 쉴 때까지 고래고래 소리도 지르면 좋겠다.

야구영화 〈머니볼〉에 이런 대사가 나온다.

야구를 보며 낭만적이지 않기는 참 어렵다. 이 야구란 것이, 팬들에겐 그저 즐거움이고, 티켓을 팔고 핫도그를 파는 일이다.

하루키는 야구경기를 보다가 소설을 써야겠다고 결심했다는데, 야구장이 내게도 뒤늦은 변신을 선물할지 알 게 무언가.

어제는 지고 오늘은 이기고, 오늘의 눈물이 내일이 웃음으로 바뀌는 게 야구며 인생인 것이니.

부디 아무나 이겨라. 나는 그저 낭만적으로 즐기련다.

읽으며 ── 익어 갑니다 ──

'능력의 범위'라는 개념이 있다. 능력 안에 놓인 것은 훌륭하게 해낼 수 있다. 그러나 능력의 범위 밖의 것은 잘 모르거나, 일부분밖에 모른다. 능력의 범위를 알고, 그 안에 머물러라. 범위의 크기는 그다지 중요하지 않다. 중요한 것은 범위의 경계를 아는 것이다.

롤프 도벨리, 《불행 피하기 기술》 중에서

> 세상은 늘 시끄럽다. 덩달아 출렁일까봐 종종 가슴을 움켜쥔다. 의견을 가지고 있어도 웬만하면 표현하지 않는 게 덜 피곤하다. 말을 하지 않는다고 내 존재가 내 생각이 사라지는 건 아니다. 그저 내 한계 안에서 꿋꿋하게 나를 지탱하면 될 일이다.

**어른의
무게**

가끔 생각한다. '나는 언제부터 어른이었을까.' 아이와 어른. 분명 상대적인 말이지만, 그 경계는 늘 모호하다. '애어른', '어른아이', '어쩌다 어른' 같은 말이 공감을 얻는 것만 봐도 그렇다. 하여 설과 추석 즈음 원고에 자주 올리던 말이 있다. '명절이 더 이상 즐겁지 않으면 어른이 된 것이다.'

내 기억에도 어린 날의 명절은 들뜸이었고, 차차 따분하고 성가신 느낌으로 변하다가, 폭력처럼 다가오는 두려움의 시간이 되기도 했다. 거기에 방송작가로 일하며 덧붙은 명절의 정서는 '특집의 압박'이다. 귀성·귀경길 사람들의 귀를 붙잡자고 한두 달 전부터 온 스태프가 머리를 짜내지만 참신한 기획이 마냥 튀어나올 리가 있는가. 하다하다 3일 동안 12시간 통짜 생방송을 달린 열혈 디제이와 연휴 내내 함께한 적도 있다.

그보다 오래 전 라디오 다큐멘터리 작업에 집중했던 시절이 있었다. 넓고 깊은 세상을 살피다 보면 나의 불안은 아주 작은 점으로 줄어드는 것 같아 좋았다. 늘 시사적인 주제를 앞세우던 PD가 모처럼 따뜻하고 포근한 특집 다큐멘터리를 하나 만들어 보자고 했다. 2005년 추석을 앞둔 때였다.

두루 검색을 하고 회의를 한 끝에 젊은 PD 둘을 대동하고 강원도 정선군 남면 무릉리 발구덕마을이라는 곳을 찾아갔다. 억새밭으로 유명한 민둥산 아래 멀찍이 자리 잡은 외딴집 두 채에 70대 중반의 할머니가 한 분씩 살고 계셨다.

밥보다 커피가 좋고 담배를 안주로 술을 드신다는 자칭 '과부 깡패' 용 할머니, 민둥산 산지기라 자처하시는 옥 할머니. 두 분의 신산한 삶과 민둥산의 무심한 바람을 잘 버무려 보기로 했다. 옥 할머니가 기꺼이 내어 주신 작은 방에 짐을 풀고 마이크를 품은 채 두 분을 졸졸 따라다녔다. 할머니 치맛자락에 매달린 어린아이가 된 기분이었다.

옥 할머니는 9월 초인 데도 밤에는 춥다며 뜨끈하게 군불을 지펴 주셨고, 된장 한 뚝배기에 싱싱한 배추쌈과 풋고추만 곁들인 밥상은 어찌나 달고 맛나던지 끼니마다 머슴밥을 해치웠다. 밤에는 작은 술상에 다섯이 둘러앉아 두 분의 인생을 안주 삼아 막걸리와 소주잔을 기울였다. 서너 잔이 돌아 거나해지면 음전한 옥 할머니가 먼저 젓가락 장단에 소리 한 자락을 뽑아내셨다. "비가 올라나 눈이 올라나 억수장마 질라나 만수산 검은 구름이 막 모여드네. 아리랑 아리랑 아라리요. 아리랑 고개로 나를 넘겨 주소." 이어서 용 할머니가 목청을 돋우셨다. "청천에 참매미 소리는 듣기나 좋지 청천 과부 한숨 소리는 정말 못 듣겠네. 아리랑 아리랑."

 옥 할머니는 말씀하셨다. 정선아리랑이라는 것이 가사가 딱 정해져 있지 않아서 그저 각자의 한을 뽑아내면 되는 거라고, 기억하는 것만 서른 가지쯤 되는데 가사가 다들 끝도 없이 청승스럽다고.

 처자식 팽개치고 밖으로만 돌다 세상 떠 버린 남편을 향한 원망도, 죽어라 일해 돈 좀 모았더니 부도난 딸네가 다 퍼가고 빚까지 떠안긴 뼈아픈 사연도, 아리랑 가락에 다 녹여 버린 지 오래. 이제 와서 자식들은 홀어머니의 독거생활을 걱정하지만 다 비워 낸 삶에 혼자만의 자유와 둘의 우정이 채워지니 세상에 더 바랄 게 없다 하셨다.

 노래가 몇 차례 돌고 나자 두 분은 일어나 덩실덩실 춤을 추셨다. 얕은 천정에 촉수 낮은 알전구가 매달려 그림자가 출렁이는데 그 모습이 우스꽝스러우면서도 슬펐다. 우리 셋도 덩달아 술상을 가운데 두고 빙빙 돌며 어깨춤을 추었다.

 두 어르신의 깊은 삶으로 들어가 함께 노닐었던 그 시

간은 내게 너무나 벅찬 선물이었다. 이제 그만 '어른아이'에서 벗어나 진짜 어른으로 조금 더 깊어지라는 인생의 충고 같기도 했다.

그렇게 할머니들과 2박3일 듬뿍 정이 들어 돌아올 때는 눈물로 재회를 기약했건만, 원고 쓰면서 전화 몇 번 드린 게 고작. 이후로 안부를 여쭙지 못했다. 그때 동행했던 어린 PD들도 어느새 중년인데, 나는 아직도 어른으로 다 자라지 못했다.

민둥산 억새밭에서 인 바람이 코끝에 느껴진다. 분발해야겠다.

읽으며 ──
── 익어
갑니다 ──

다시 어린이가 되어가기 시작한 할머니, 할아버지 들은 자기 자신에 대해 진지하게 생각하지 않는다. 마찬가지로 노인들은 젊은이들을 별로 심각하게 생각하지 않는다. 물론 열정은 아름다운 것이고, 젊은이들은 대단하다. 하지만 나이 많은 사람들에게는 해학이 필요하다. 그것은 약간의 미소를 짓게 만들고, 심각하지 않고, 세상의 변화를 하나의 그림 속에 담게 한다. 또한 그런 해학은 흘러가는 저녁 노을을 바라보는 것처럼 사물을 관찰하게 한다.

헤르만 헤세, 《어쩌면 괜찮은 나이》 중에서

> 젊었을 때는 실없이 웃는 사람이 제일 싫었다. 삶의 자세는 마냥 진지해야 한다고 생각했다. 그런 어리석음이 내 전반기 생을 망쳤다. 쉰이 넘으면서 깨달았다. 헐렁헐렁 살아야 삶도 나를 편안하게 풀어 준다는 것을.

남성은 낙관적이지만 막연한 태도로 노년에 다가가는 반면 여성은 노후의 삶이 또 다른 도전임을 명확하게 인지하고 노년을 맞이한다. 남성은 느긋하고 여유로운 수십 년을 '기대'한다. 반면 여성은 노년을 맞아들일 '계획'을 세운다.
조지프 F. 코글린,《노인을 위한 시장은 없다》중에서

> 어른이 되고 싶어 어른이 된 사람이 있을까. 어른이 되고 싶다고 마음대로 어른이 되는 것도 아니지만. 스스로 여유롭지 못한 사람은 늙었어도 어른은 아니다. 특히 여성노인이 남성노인에 비해 느긋해 보이는 게 나만의 생각은 아닌가 보다.

사량도
마실

바다가 닿지 않는 충청북도에서 태어나 자랐다. 중·고등학교 때 수학여행으로 바다를 만났고, 생선회라는 음식은 20대에 처음 먹어 보았다. 수영도 배우지 못했다. 그러니 내게 바다는 늘 막막한 거리를 두고 존재했다.

작년 11월, 비영리단체 바라봄사진관 출장에 따라붙어 통영에서 2박3일을 지냈다. 현지 출신 동행의 살뜰한 안내로 오밀조밀 동네를 훑으니 눈코입이 내내 즐거웠다. 짧아서 더욱 꿈같았던 시간을 보내고 돌아오며 가장 눈에 밟힌 건 가까이 떠 있는 섬들이었다.

몇 달 후, 통영에서 또 다른 촬영 일정이 잡혔다는 소식을 들었다. 더구나 사량도라는, 이름도 너무나 사랑스러운 섬에서. 일정을 맞추는데 무리가 따르기는 했으나, 이게 어디 쉽게 오는 기회인가. 우여곡절 끝에 길을 나섰다.

목적지는 사량도 면사무소, 행사는 '우리섬 배움마실, 사량도 돈지마을 한글학교 졸업식'. 이 교실은 통영시 지속가능발전교육재단이 주관하는 사업으로 6기째라 했다. 통영에서 배를 타고 잔잔한 바다를 건너 선착장에 닿았다. 축하 플래카드가 걸린 사무실에 한복을 곱게 차려입은 할머니 일곱 분이 기다리고 계셨다. 봉사자가 준비해 온 졸업가운과 학사모를 입히고, 산뜻하게 립스틱도 발라드리고, 한 분 한 분 졸업사진을 찍었다.

노트북과 프린터도 준비해서 거친 주름살 살짝 숨긴 사진을 바로 뽑아 액자에 담아드렸다. "내 평생에 이런 옷을 입고 사진을 찍게 될 줄이야" 하시는 할머니의 함박웃음이 꽃처럼 예뻤다. 영정사진으로 써야겠다는 할머니를 꼭 안아 보았다. 더운 날씨에도 따뜻한 품이 참 좋았다.

통로 한쪽에서는 전시회가 열렸다. 3년 동안 어렵게 공부한 과정이 그대로 놓여 있었다. '가나다라'로 시작해 받아쓰기를 하고, 한문 이름과 숫자 셈을 연습한 공책들, 일기와 편지와 시 작품까지 오랜 노력의 과정들이었다.

박막례 어르신은 "무겁고 힘든 호미보다 내 서러움 그려 주는 연필 잡는 게 백 번 만 번 좋았다"고 일기에 적었다. 행복에 겨운 글씨가 춤을 추는 듯했다.

신덕선 어르신은 '고마운 당신'이라는 제목으로 남편에게 편지를 썼다.

상호아부지께
나 당신 마누라요.

당신 덕분에 내 이름 석 자도 쓰고 텔레비전에 나오는
글자도 더듬거리며 읽기도 하요.
말을 안 해서 그렇지 상호 아부지께 많이 고마워하요.
내가 글 배운다고 할 때 다른 사람은 흉보는데
아픈 나를 니야까(리어카)에 태워 바래다 주고
너무 욕보요.
나 한 자 한 자 열심히 할게요.
우리 오래오래 삽시다. 사랑하요.
애미는(애먹이는) 할머니

 욕보는 남편, 애먹이는 아내의 이런 사랑이라니. 짧은 편지 한 장이 곧 영화 한 편이었다.
 박종이 어르신은 '밭에 올라'라는 시를 지었다. 소리 내어 읽어 보았다.

밭에 올라 누렁이 밥 주고
깨밭 약치고
집에 와서 빨래하고
내 인생 칠십 다 갔네

 살아 보니 뭔 긴 말이 필요하던가. 그리 고단했던 생生도 단 네 줄이면 족한 것을. 바쇼의 하이쿠가 무색했다.

울컥 눈물이 났다.

"노인 한 명이 죽는 것은 도서관이 하나 사라지는 것과 같다"는 아프리카 격언이 있다. 사량도 돈지마을에서 평생 살아 온 할머니들의 글이 바로 그런 느낌이었다. 노트를 뒤적이며 어르신들의 글을 모두 사진에 담았다. 앞으로는 생각이 잘 안 풀릴 때 책들을 뒤적이는 대신 할머니의 사랑과 인생을 펼쳐 보리라.

행사를 마무리하며 다음 7기 계획을 물었다. 예산이 없어 미정이라 했다. 슬픈 답이기는 했으나 내일 일을 지금 알 수는 없으니 순조롭게 풀릴 거라 믿기로 한다. 멀고도 가까운 또 다른 섬으로 마실 가는 그날을 그리면서.

읽으며 ─
── **익어**
갑니다 ─

"가진 것 하나
나의 생은 가벼운
조롱박 하나"
바쇼의 하이쿠

> 글쟁이라고 나설 깜냥은 안 되지만, 경험상 글은 짧고 단순하게 쓰는 게 가장 어렵다. 하이쿠를 읽을 때면 툭툭 내뱉는 듯한 그 한 줄에 얼마나 많은 시간이 담겼을까 상상해 본다.

"밭에 올라 누렁이 밥 주고
깨밭 약치고
집에 와서 빨래하고
내 인생 칠십 다 갔네."

박종이, '밭에 올라'

> 바쇼의 하이쿠를 아끼기는 하나, 가벼운 조롱박보다는 할머니의 누렁이와 깨밭이 더 정겹다. 내 삶을 한 줄로 요약해 보라면? 아직 일흔 살에 이르지 못했으니 퇴고할 시간은 남았다. 다소 안심이 된다.

**네 꿈이
무어냐고
물으신다면**

해가 바뀌면 연도와 함께 나이도 불어난다. 그나마 세 번의 단계를 거친다는 게 조금은 다행이랄까. 1월 1일. 눈 딱 감고 지나가면 곧 설날. 떡국을 먹고도 나이 먹는 게 억울하면 다시 보류. 이윽고 생일을 만나면 항복. 올해도 며칠 전 그렇게 삼세판을 채웠다. 소싯적에는 나이 덧셈이 즐거웠던 기억도 있으나, 대개 부담으로 얹혀 체증이 심할 때가 많았으니, 가벼움과 무거움의 조율은 오로지 내 몫임을 깨닫기까지 꽤 많은 시간이 걸렸다.

50대에 막 접어들었을 때 어떤 이가 물었다. '꿈이 뭐냐'고. 망설이지 않고 대답했다. "귀여운 할머니가 되는 거요." 나름 진지한 소원인데 상대방은 가벼운 농담으로 받아들이는 것 같았다. 그 사람은 웃으며 말했다. "나이 들면 다시 어린애가 된다잖아요." 내 뜻은 그런 게 아니었는데. 철없던 어린 시절로 회귀하고픈 게 아니라, 언제까지나 열린 결말인 여생에 대해 호기심을 유지하고 싶다는 바람이었다.

지난 연휴에 책들을 뒤적이다 그때 문답이 떠올랐다. 무레 요코의 《모모요는 아직 아흔 살》, 애나 메리 로버트슨 모지스의 《인생에서 너무 늦은 때란 없습니다》, 나란히 눈에 들어온 두 책은 바로 그 꿈을 이룬 할머니들의 이야기였다.

1860년 미국 서부의 작은 마을에서 태어난 모지스 할머니는 평생 농장을 돌보며 살았다. 자식들을 다 출가시키고 노동의 짐에서 벗어나 그림을 그리기 시작했을 때 그녀의 나이는 일흔 여섯. 80세에 개인전을 열고, 88세에 '올해의 젊은 여성'이 되었으며, 101세에 생을 마감하기까지 무려 1600여 점의 작품을 그려 냈다. 척박했을 삶의 현장과 풍경을 동화처럼 예쁘게 그린 그녀의 그림은 보는 이의 마음을 한없이 순하고 착하게 만든다.

"빗자루가 아니라 붓자루를 타고 전국을 날아다니는 마귀할멈"이라는 손녀딸의 놀림을 즐기던 그녀에게 나이는 이런 것이었다.

이 나이가 되니 세월이 어떻게 갔는지 모르겠네요. 차라리 열여섯 살 때가 내 나이를 가장 실감했던 것 같아요.

또 한 책의 주인공 모모요는 《카모메 식당》의 작가 무레 요코의 외할머니다. 여든, 아흔이 넘어도 버킷 리스트를 꾸준히 만들고 실행에 옮기는 그녀의 과감성은 10대, 20대의 패기를 능가한다.

여든이 넘어서야 일을 그만둔 후 갑자기 분 체중에 충격을 받고 대응하는 방식 역시 놀랍다. 3킬로그램을 빼기 위해 그녀가 선택한 처방은 줄넘기. 기겁을 하며 만류하는 자식들 눈을 피해 한적한 마을 들판을 찾아간다. 누가 볼세라 사방을 경계하며 폴짝폴짝 뜀뛰기를 하는 자그마한 할머니를 상상해 보라. 이런 그림에서 웃음이 터지지 않으면 비정상이다.

물론 그녀는 며칠 만에 줄넘기를 스스로 그만두었다. 계속하면 생명에 지장이 있을까 봐. 일단 전력투구해 보았으니 포기도 빠르다. 대신 덜 과격한 게이트볼로 바꾸었다. 80대에도 90대에도 그녀에게 주된 관심거리는 '뭐 하면서 놀까?', '뭘 하면 재미있을까?'였다.

얼마 전 도쿄 여행을 다녀왔다. 들던 바와는 달리 그곳 지하철에서도 책 읽는 모습은 보기 어려웠다. 앉으나 서나 스마트폰에 코를 박고 있는 모양새는 게나예나 별다름이 없었다. 그런데 통근시간을 벗어난 여유로운 전철에서는 돋보기를 코끝에 걸치고 책장을 넘기는 할머니들을 종종 만날 수 있었다. 몹시 사랑스럽고 더할 수 없이 귀여운 모습이었다.

3월은 학창시절에 그랬듯 무언가를 다시 시작하거나

바로잡기 좋은 또 하나의 출발점이다. 이제 누군가 내게 남은 꿈을 다시 묻는다면, 한 마디만 더 보태기로 했다.

'책 읽는 귀여운 할머니 되기!'

읽으며 ─

─ 익어

갑니다 ─

여기까지 와 되돌아보니 인간의 삶이란 우주적 견지에서 보면 눈 한번 깜박이는 것보다 짧아도 그 자체로 보면 놀랍도록 넉넉해 서로 대립되는 많은 것을 담을 수 있다는 것이다. 한 사람의 인생에는 고요함과 소란스러움, 비탄과 행복, 냉담함과 따스함, 거머쥠과 베풂이 모두 담길 수 있다.

다이애너 애실, 《어떻게 늙을까》 중에서

> 에세이 《시절 일기》를 쓴 김연수 작가를 만났다. 그의 장래희망이 "웃는 눈으로 선한 것만 보는 할머니"라는 글을 보고 폭소를 터뜨렸다. 좋아하는 작가가 그런 이야기를 하니 마냥 좋았다. 그에게 그 꿈을 심어 준 사람 중 하나가 전설적인 편집자 다이애너 애실이라 했다. 《어떻게 늙을까》는 다이애너 애실이 아흔에 쓴 책이다.

살다 보니, 실망스러운 일이 있더라도 불평하지 말고, 지나간 일은 지나간 대로, 그렇게 흘러가도록 내버려 두는 것도 좋다는 생각이 듭니다.
애나 메리 로버트슨 모지스, 《인생에서 너무 늦은 때란 없습니다》 중에서

> 불행총량의 법칙을 믿는다. 그래야 행복도 총량을 채울 것이라 기대할 수 있으므로.

더불어 세상

아파트에서 개와 함께 사는 건 여러모로 불편하고 또 미안하다. 그럼에도 아들의 청으로 말티즈 한 놈을 입양한 게 2012년. 어쩌다 새끼도 낳았는데, 정작 아들은 분가를 하고 1인ㅅ 2견ㅊ이 남았다. 어쩌면 이게 아들 녀석의 '스몰픽처'였을지도?

겨울에는 두 놈의 북슬북슬한 털이 포근하지만 더울 때는 서로 힘들다. 여름에 접어들자마자 털을 밀었는데 작은 녀석 온몸에 피멍이 드러났다. 급히 혈액검사를 해보니 혈소판감소증으로 응급상황이라 했다. 생각할 겨를 없이 입원을 시켰다. 기약했던 5일 후에도 의사는 퇴원 불가능 판정을 내렸다. 무슨 검사, 어떤 처치, 수혈 가능성 등의 말에 머릿속이 복잡해졌다. 평소 연명의료 중단과 웰다잉을 강조해 왔는데, 하물며 개의 투병은 어디까지가 한계일까. 링거를 꽂고 낑낑대는 녀석도 안쓰러웠지만 솔직히 가장 무서운 건 돈이었다.

《철학자의 개》를 쓴 레이먼드 게이타도 자신의 개가

갑작스러운 사고로 병원 치료를 받았을 때 거액의 청구서를 받고 이런 자문을 했다고 고백했다.

개 한 마리 때문에? 만약 내 아이들의 병원비를 지불하는데 필요하다면 나는 모든 걸 팔아버리고 죽도록 일할 것이다. 하지만 개를 위해서도 그럴 수 있을까?

입원 7일차에 어렵게 퇴원 허락을 받았다. 의사는 여전히 불안한 상황이라며 투약과 간호의 중요성을 강조했다. 초긴장 상태로 2주를 보내고 3주 만에 드디어 여러 수치가 정상에 근접했다. 병원비로 이미 한 달 수입이 나갔지만, 여기까지는 고맙게 감당할 수 있다고 스스로를 위로했다. 그러고 난 후 일상에 평화가 돌아온 것을 기념하고자 영화관으로 달려갔다. 점찍어 둔 영화 두 편이 같은 관에서 15분 간격으로 상영되고 있었다.

첫 영화는 애니메이션 〈개들의 섬〉. 가상의 한 도시에 개 독감이 유행하고, 시장은 모든 개들을 쓰레기섬으로 추방한다. 시장 조카인 소년은 자신의 개를 찾기 위해 그곳을 찾아가고 개들과 함께 위험천만한 모험을 펼친다. 그들의 노력으로 시장의 음모가 밝혀지고 개들도 귀환한다. 버림받은 상처에서 회복된 개와 과오를 반성하는 인간의 화목한 해피엔딩. 악당 시장의 급반전에서 갸우뚱

하긴 했지만, 치료비에 전전긍긍했던 나의 비겁함도 용서받는 느낌이었다.

잠시 따뜻한 차 한 잔을 마시고 두 번째로 본 영화는 다큐멘터리 〈바르다가 사랑한 얼굴들〉이다. 여든여덟의 사진작가이자 영화감독 아녜스 바르다와 서른셋의 다큐멘터리 감독 제이알JR은 포토트럭을 타고 시골 마을을 돌아다닌다. 광산촌의 마지막 주민, 광활한 농장에서 홀로 일하는 농부, 늙은 집배원, 항만 노동자의 아내 등. 다양한 사람을 만나 이야기를 나누며 사진을 찍고 크게 출력해 건물 외벽에 붙인다. 벽화 속 얼굴에는 그들의 삶-사랑, 의지, 자부심, 희망-이 그대로 드러난다.

그중에는 염소를 키우는 농장 아낙도 있다. 다른 농장주는 생산성을 높이기 위해 염소의 뿔을 자르는데, 그녀는 그러지 않는다. 이유를 이렇게 대답한다. "동물을 존중하니까요. 뿔을 자르는 이유는 싸우기 때문인데 사람도 싸우지 않나요?"

쉰다섯 나이차를 넘어 티격태격 우정을 나누는 두 감독의 여정은 참 따뜻하고 아름다웠다. 앞서 어떻게 살았든 노년에도 청년과 함께 생각하고 대화를 나누며 같이 걸을 수 있다면, 그게 가장 성공한 인생이 아닐까?

티켓을 살 때 순서를 잠깐 고민했는데, 〈개들의 섬〉을 먼저 보기를 잘했다. 영화관을 나올 때는 개들의 귀여운 수다가 이미 사람 얼굴에 묻혔다. 많은 것들과 더불어 살아가지만, 이기적인 내게는 역시 사람이 늘 우선이니까.

집에 돌아와 시간 맞추어 약을 먹이고 두 녀석을 베개 삼아 소파에 누우니 방언처럼 혼잣말이 터져 나왔다.

"어제가 어떠했든 내일이 어떠하든 오늘 나의 평화가 가장 소중하구나!"

읽으며 ──
── 익어
갑니다 ──

우리가 동물에 대해 말할 때 드러내는 철학적 해석은 동물과 함께 살아가는 상상적인 삶에서 추출된 것에 불과할 때가 있다. 그리고 동물과 공존하는 삶이 '생각'을 비롯한 여러 개념의 형성에 실질적으로 기여했다는 사실을 제대로 인식하지 못한 경우도 있다.
레이먼드 게이타, 《철학자의 개》 중에서

> 어렸을 때부터 개와 함께 지냈다. 그때는 마루 아래가 그들의 공간이었다. 경계가 분명했으므로 우정도 공고했다. 지금은 한 공간에 얽혀 살다 보니 모정을 강요 당하는 느낌이다.

사회의 분배 문제가 쉽게 해결되지 못하는 상황에서 인간 이외의 다른 생명을 돌보는 일은 언제부터 시작해야 하는 걸까? 사람 사이의 분배 문제는 사회적으로 계속 해결하기 위해 노력해야 할 거야. 하지만 모든 사람들이 이 문제에만 매달릴 수는 없지. 사람마다 관심사가 다르니까 말이야. 어떤 사람이 사람 사이의 문제를 해결하는 동안 동물에게 관심이 있는 사람은 동물의 문제를, 환경에 관심이 있는 사람은 환경 문제를 또 이외에도 저마다 자기가 관심을 갖고 있는 문제를 풀어가면서 살아가야 하는 거란다. 어떤 문제를 완결한 후에 다른 문제를 해결하는 그런 때는 없는 거야. 매일매일 저마다의 관심 분야의 문제를 해결하려고 노력하면서 사는 거지.

박종무, 《살아있는 것들의 눈빛은 아름답다》 중에서

> 입원 소동 이후 개털을 집에서 깎아 주기 시작했다. 두 녀석을 붙잡고 투쟁하듯 일을 치르고 나면 온갖 짜증과 불만이 쏟아지지만, 동거하는 동물이니 할 만한 수고를 했다는 생각에 뿌듯해진다.

사색은 멀고
검색은
가깝다

아침에 일어나 컴퓨터 전원을 켠다. 원두를 갈고 커피를 내리는 동안 부팅이 된다. 머그잔을 들고 모니터 앞에 앉아 인터넷 창을 연다. 메일을 확인하고 카페를 살피고 밤새 이슈가 된 뉴스들을 훑는다. 그리고 마침내 한글을 연다. 긴한 원고를 써야 하는 날일수록 이 과정은 길어진다. 자신 없는 일은 어떤 핑계를 대서라도 자꾸 미루게 되는 법이니까. 멈칫거리며 몇 줄을 쓰다가 검색 창을 연다. 모호한 단어 뜻을 찾아보려고, 혹은 정확한 사실 확인을 위해. 어쨌든 이 단계가 특히 위험하다. 포털사이트에 떠 있는 다양한 화제를 따라 무심코 이 창 저 창을 열다 보면, 애초에 무엇을 찾으려고 했는지를 잊게 된다. 종내는 급하지 않았던 원고조차 마감에 쫓기게 되고, 늘 바쁘다는 거짓말을 입에 달며, 부끄러운 글을 쓴다. 원인과 처방을 알면서도 못 고치는, 참 나쁜 병이다.

바쁘지 않은 시간을 쪼개 영화 〈서치searching〉를 보았다. 영화 장면 대부분이 모니터로 펼쳐진다는 말에 호기심이 동했다. '하나의 문이 닫히면 다른 하나의 문이 열린다'고 한다. 아빠와 대화가 단절되고 온라인에서 위로를 찾은 딸. 딸이 실종된 후 아빠는 딸이 드나든 문들을 끈질기게 추적하며 단서를 찾는다. 모니터에서 바쁘게 움직이는 커서, 컴퓨터와 스마트폰의 다양한 기계음. 이 두 가지로도 엄청난 긴장감을 만들어 내는 감독의 능력이 대단했다.

자식을 구하기 위해 고군분투하는 아빠는 다른 영화에도 많이 등장한다. 그들은 대개 우람한 체구에 총과 주먹으로 악당을 응징하는 막강 캐릭터다. 그런데 이 아빠는 주로 스마트폰과 모니터, 키보드를 도구로 쓴다. 웹캠 앞에서 인상을 구기고 있는 그의 모습은 신경질적이고 나약해 보인다. 하지만 점점이 떨어져 있는 흔적을 모아 그림을 완성해 나가는 그의 활약은 어떤 액션보다 화끈하다.

자칫하면 영화의 메시지를 '험난한 세상에서 가족을 지키려면 디지털 천재가 되어야 한다'로 이해할 뻔했다. 허나 자식의 위기 앞에서는 평범한 부모도 슈퍼맨으로 변신한다. 아이가 차에 깔린 것을 본 엄마가 순간의 괴력으로 차바퀴를 들었다는 전설 같은 이야기도 있지 않은가.

엔딩 크레디트를 보다가 한 사람이 생각났다. 취미도 특기도 검색이며, 음모론에 종종 심취하는 젊은 친구. 하나의 이슈를 붙잡는 순간 꼬리를 무는 검색으로 밤을 새 기 일쑤다. 수면 부족에 시달리던 그는 결국 나이에 어울 리지 않는 안과질환까지 얻었다.

얼마 전 그 친구가 여름휴가를 떠났다. 눈 건강을 고 려해 조용한 휴양지에서 무조건 쉬며 책을 읽겠노라 했 다. 독서 준비도 철저한 검색으로 시작했다. 성향과 취향 에 맞는 주제, 몰입도, 적당한 길이 등을 조건으로 자신 이 원하는 소설을 기어이 찾아 가방에 넣었다.

돌아온 그는 안타깝게도 실패를 고백했다. "책을 한 페 이지라도 봤으면 계속 읽었을 텐데, 더 가까이 있고 더 가 벼운 스마트폰을 먼저 잡은 게 패착이었어요. 뉴스 한 줄 에서 시작된 검색을 절대 멈출 수가 없더라고요. 4박5일 동안 책장은 열어 보지도 못했어요."

그에게도 어린 아들이 있다. 그는 영화 〈서치〉를 보며 어떤 생각을 할까? 어쨌든 가장인 그에게 가장 시급한 과제는 '검색의 왕'이 아니라 '건강'이다. 잔소리를 대신 해 그에게 이 글을 읽어 주기로 했다.

> *끊임없이 위급한 상황이 벌어지는 삶에서는 가상적인 관계들이 현실적인 관계의 가장 실질적인 부분을 마구 휘저어버린다.*
> 지그문트 바우만, 《고독을 잃어버린 시간》 중에서

읽으며 —
── 익어
갑니다 —

과거의 교육은 여러 형식으로 이루어졌고, 환경이 달라질 때는 새로운 목표와 새로운 전략을 설계하면서 적응해나갔다. 그러나 작금의 변화는 과거의 변화와 전혀 다르다. 교육자들은 인간 역사의 어떤 전환점에서도 이번만큼 어려운 고비와 도전에 직면한 적이 없다. 정말이지, 우리는 이런 상황을 처음 겪고 있다. 우리는 정보로 과포화된 세계에서 살아가는 기술을 아직 배우지 못했다. 하물며 그보다 더더욱 어렵고 역부족인 기술, 즉 앞으로 그런 삶을 살아가도록 인간을 가르치는 기술을 우리는 아직 모른다.
지그문트 바우만, 《고독을 잃어버린 시간》 중에서

> 이미 고인이 된 저자가 이 책을 쓰던 때와 지금의 상황은 또 얼마나 많이 달라졌을까. 정보의 과포화 속에서 우리가 아직 숨을 쉬고 있다는 것만도 대견하다.

디지털 경험에는 잉크 냄새도, 바스락바스락 책장을 넘기는 소리도, 손가락에 느껴지는 종이의 촉감도 없다. 이런 것들은 기사를 소비하는 방법과 아무런 관계도 없어 보이지만 사실은 그렇지 않다. 아이패드로 읽는다면 모든 기사가 똑같아 보이고 똑같게 느껴진다. 그러나 인쇄된 페이지에서 인쇄된 페이지로 넘어갈 때는 그런 정보의 과잉을 느끼지 못한다.

데이비드 색스, 《아날로그의 반격》 중에서

> 나의 아침 커피는 역사가 꽤 길다. 4남매 중 뚝 떨어진 막내로 태어나 초등학교 고학년 때까지 아버지 어머니와 같은 방을 썼다. 새벽이면 호르륵호르륵 커피 내리는 소리가 꿈결에 들렸다. 부부지정이 돈독한 편은 아니었는데, 신식문물에 대한 취향은 비슷하셨나 보다. 주전자 안에 원두를 넣는 곳이 있고, 아래에 물을 채워 뚜껑을 닫고 스위치를 넣으면 물이 끓어올라 뚜껑에 있는 투명한 꼭지를 돌고 내려가면서 커피를 추출하는, 나름 최신식 커피포트를 1970년대에 이미 애용하셨으니. 그때 함께 마시지는 못했어도 잠결에 맡는 커피 향은 나쁘지

않았다. 가끔 '달그닥달그닥' '후르륵후르륵' '두런두런' 귀를 간질이던 그 작은 소음들이 그립다. 캡슐커피나 에스프레소 머신을 사용하는 커피는 멋이 없다. 커피를 배운 적은 없으나 내 방식대로 작은 그라인더에 '달달달' 1인분 원두를 갈고 드리퍼에 부어 '쫄쫄쫄' 물을 붓고 천천히 커피를 내린다. 느림 속에서는 소리도 촉감도 맛이다. 읽기가 맛있는 추억이라면, 책장을 넘기는 느낌과 소리 또한 영원한 동반자다. 아직은 전자책을 구입하거나 사용해 본 적이 없다.

책하고 놀기

가을 햇살이 쨍한 주말 아침, 지인의 전화를 받았다. 중학생 딸이 직업의 세계 인터뷰를 해야 하는데, 시간을 내줄 수 있겠냐는 부탁이었다.

홍대입구 예쁜 와플가게에서 중1 여학생 셋과 인사를 나누었다. 초롱초롱 호기심 가득한 표정으로 수첩을 꺼낸 그들은 휴대전화 녹음 버튼부터 눌렀다. 첫 질문은 "왜 방송작가가 되고 싶었는가?"였다. "왜?"라는 질문은 늘 어렵다. '어렸을 때 책 읽기를 좋아했는데'까지 이야기하고 말문이 막혔다.

대답을 궁리하다 차라리 되묻기로 했다. "너희들이 아는 방송작가의 세계는 어떤 걸까?", "방송작가에게는 즐거운 일만 있을까?" 등. 이야기가 술술 풀려 준비한 질문이 모두 끝났을 때 넌지시 물었다. "혹시 시간 있으면 너희들 인터뷰를 좀 하고 싶은데 괜찮을까?" '책하고 놀자' 프로그램을 10년 넘게 맡고 있는 작가로서, 전직 국어교사로서, 요즘 학생들의 독서가 궁금했다.

먼저 "책 읽는 것을 좋아하냐"고 물었다. 셋은 모두 과거형으로 응답했다. "좋아했었어요. 그런데 지금은 '책 볼래, 스마트폰 볼래' 하면 주저 없이 스마트폰을 먼저 잡을 거예요." 그럼 언제까지 좋았던 걸까? 한 친구가 꿈꾸는 표정으로 말했다. "자기 전에 엄마 아빠랑 같이 책 읽을 때요. 음, 그런데 지금은 부모님도 집에서 각자 전화기만 봐요!" 까르르 폭소가 터졌다.

하나 더 물었다. "요즘도 독후감 숙제가 있나?" 물론 있다 했다. 다만, 감상을 글로만 쓰는 게 아니라 만화로 그리거나, UCC User Created Contents(사용자 직접 제작 콘텐츠)로 만들어도 된다는 게 달랐다. 이들은 얼마 전 독후감 과제 발표 시간에 셋이 한 팀으로 멋진 영상을 만들어 큰 박수를 받았다고 자랑스럽게 말했다. 잘 모르는 내용이긴 했지만, 친구들이 얼마나 즐겁고 행복한 마음으로 작업을 했는지는 충분히 납득이 되었다.

그들은 또 서로를 칭찬했다. "얘는 어렸을 때 책을 많이 읽어서 이해력이 좋아요." "너는 자막을 잘 뽑잖아." "이 친구는 영상편집 기술이 최고예요." 그야말로 어리고 순수한 우정과 지성의 네트워크다.

독서량이 한 학기에 한 권이면 어떻고, 1년에 한 권이면 어떠랴. 내용을 영상으로 표현하기 위해 그들은 열심히 토론했을 것이고, 스토리를 요약해 각본을 짰을 것이고, 좋은 구절을 찾아 자막을 뽑았을 것이니. 책장 하나하나를 씹고 뜯고 맛본 즐거움을 쉽게 잊지는 못할 것이다. 한 TV프로그램에서 저명한 뇌과학자가 말했다. "독서는 쾌락이 되어야 평생 독서하는 어른이 된다"고. 어린 친구들과 어른스럽게 악수를 나누고 헤어지며 당부했다. "너희들이 어떤 책을 읽든, 무엇을 공부하든, 어떤 직업을 선택하든 지금처럼 늘 즐거움이 우선이 되면 좋겠다."

문화심리학자 김정운은 《노는 만큼 성공한다》라는 책에서 이렇게 말했다.

> 잘 노는 사람은 타인의 마음을 잘 헤아려 읽는다. 따라서 말귀를 잘 알아듣는다. 그리고 잘 노는 사람은 가상 상황에 익숙하다. 놀이는 항상 가상 상황에 대한 상상력을 필요로 하기 때문이다. 잘 노는 사람은 자신을 돌이켜보는 데도 매우 능숙하다. 나를 객관화시켜 바라보는 능력은 또 하나의 가상 상황에 나를 세워놓는 일이기 때문이다. 결국 잘 노는 사람이 행복하고 잘살게 되어 있다. 그래서 우린 잘 놀아야 한다. 놀이의 본질은 상상력이기 때문이다.

살아오는 동안 내게 가장 큰 결핍은 상상력과 창의력이었다. 노는 법을 배우고 익히지 못했으니 당연하다는 걸 뒤늦게 깨달았다. 하여 남은 공부로 '잘 놀기'를 선택했다.

마침 바다 건너 멀리서 오랜 벗이 찾아왔다. 난 오늘도 신나게 놀러 나간다.

읽으며 익어 갑니다

'좋은 삶'을 사는 방법은 아주 간단하다. 좋아하는 것을 많이 하고, 싫어하는 것을 줄이면 된다. 제발 '좋은 것'과 '비싼 것'을 혼동하지 말자! 자신의 '좋은 것'이 명확하지 않으니 '비싼 것'만 찾는 거다.

김정운, 《바닷가 작업실에서는 전혀 다른 시간이 흐른다》 중에서

> '쉬는 시간'과 '노는 시간'이 어떻게 다른지 모르고 자랐다. 잘 노는 법은 익힐 틈이 없었다. 《노는 만큼 성공한다》로 처음 김정운 교수를 만났을 때는, 잘 노는 사람이 성공한다는 말이 바로 받아들여지지 않았다. 이제는 마냥 고개가 끄덕여진다.

**반복의
슬픔과
기쁨**

아침이면 커피 한 잔을 들고 데스크톱 컴퓨터를 켜는 것으로 하루 일과를 시작한다. 새해 들어 컴퓨터에 이상한 증세가 나타났다. 인터넷 연결이 자주 끊겨서 애를 먹이더니 종내 불통이 되었다. 바이러스 체크를 하고, 연결선을 뺐다 끼웠다 해 보아도 해결이 되지 않았다. 아는 이에게 물었더니 설정을 과거 시점으로 되돌리는 방법을 써 보라 했다. 머릿속이 더 복잡해졌다. 며칠 전으로 돌려야 가장 안전한 걸까? 설정한 날짜 이후에 내가 기억하지 못하는 새 작업이 있다면? 과거와 미래의 걱정이 뒤섞여 혼란스러웠다.

일단 노트북은 살아 있으니 한숨을 돌리기로 하고 책을 들었다. 어쩌다 보니 올해 첫 독서는 작년에 읽은 얀 마텔의 소설 《포르투갈의 높은 산》을 재독하는 것으로 시작했다. 불과 6개월 만에 다시 잡았는데 때때로 내용이 너무 낯설어 신기했다. 기억하고자 접어 둔 페이지와 지금 줄을 긋는 부분이 달랐고, 첫 독서 때 추측했던 인물의 감정과 다시 전해지는 그의 슬픔과 기쁨은 자주 어긋났다. 다만 같은 것은 첫 번째나 두 번째나 읽기에 몰입할 때 느끼는 행복감뿐이었다.

이 소설에는 뒤로 걷는 사람들이 나온다. 사랑하는 가족을 잃은 자들의 독특한 애도 방식이다. 뒤로 걷는 것은 과거로 돌아가는 것이 아니다. 지나온 시간을 복기하며 등으로 밀고 나가는 걸음이다. 그 행위가 매혹적이기는 하나 위험이 따르는 일이라 실행해 보지는 못했다. 그저 이 소설을 꼭 한 번 더 읽어야겠다는 다짐을 했다. 어쩌면 같은 책을 다시 읽는 것도 뒤로 걷는 것과 비슷한 의식이 아닐까, 하는 생각이 들었다.

책을 덮고 올해 첫 영화를 보러 나갔다. 〈일일시호일日日是好日〉. 영화는 다도를 중심으로 느리고 지루한 시간이 펼쳐진다. 노스승인 다케타 선생은 다도를 배우러 모인 사람들에게 이런 말을 한다. "같은 사람들이 여러 번 차를 마셔도 같은 날은 다시 오지 않아요. 생에 단 한 번이다 생각하고 임해 주세요."

새해맞이 다도회에는 그해의 동물이 그려진 찻잔이 등장한다. 말하자면 기해년 첫 다도회에는 12년 전 꺼내 쓰고 깊숙이 보관했던 돼지 문양의 찻잔이 등장했을 것이고, 모임 후 갈무리한 찻잔은 앞으로 또 12년을 살아 내야 다시 손에 쥘 수 있는 것이다. 1년의 반복에 열두 해 터울의 반복이 겹쳐 있으니, 차를 마시는 사람은 그 찻잔 속에 담긴 과거와 미래의 시간을 조용히 들여다보게 된다.

'일일시호일'과 비슷한 조합으로 '일신우일신日新又日新'이라는 말이 있다. 중학교 때 한자 선생님이 자신의 좌우명이라며 수업시간에 유독 강조했던 구절이다. 뒤늦게 궁금해진다. 그분의 삶에는 어떤 평화가 있었을까. '매일 매일이 좋은 날'이라는 '일일시호일'이 같은 일상에서 기쁨을 건지는 지혜라면, '매일 매일 새로워지라'는 '일신우일신'은 반복을 허락하지 않는 호된 채찍질일 테니. 생각만 해도 숨이 막힌다.

그렇게 한나절 이런저런 딴짓으로 마음을 정돈한 후, 데스크톱 컴퓨터 문제로 돌아왔다. 해결 과정은 허무할 정도로 단순하고 쉬웠다. 본체를 열어 보니 부속들 틈틈이 먼지가 수북했다. 진공청소기를 대고 샅샅이 훑었다. 뚜껑을 닫고 전원을 켜니 모든 게 정상이 되었다. 과거와 미래의 걱정들도 먼지와 함께 날아갔다.

복구를 기념하며 "같은 것을 반복할 수 있다는 것은 행복한 일"이라는 영화 속 대사를 포스트잇에 적어 모니터에 붙였다.

익숙한 자판과 모니터로 지루한 원고 쓰기를 다시 시작할 때, 슬픔과 기쁨이 뒤섞인 묘한 안도감이 찾아왔다.

읽으며 ―
―― 익어
갑니다 ――

사랑은 집이다. 매일 아침 수도관은 거품이 이는 새로운 감정들을 나르고, 하수구는 말다툼을 씻어 내리고, 환한 창문은 활짝 열려 새로이 다진 선의의 싱그러운 공기를 받아들인다. 사랑은 흔들리지 않는 토대와 무너지지 않는 천장으로 된 집이다.
얀 마텔, 《포르투갈의 높은 산》 중에서

> 한때는 이런 사랑을 꿈꾸기도 했지만 이 또한 쉽지 않은 조합이라는 걸 살면서 깨닫고 포기했다. 익숙한 것의 안도감과 지루함, 낯선 것의 경이로움과 두려움. 아마도 이것들이 잘 조화를 이룰 때 생은 안정되는 것이리라. 읽어야 할 책, 읽고 싶은 책들이 늘 쌓여 있기에 같은 책을 다시 읽는 경우가 자주 생기지는 않는다. 신기한 건, 거듭 읽고 보면 같은 책이 같은 책이 아니다. 여유가

> 생긴다면 책장 한쪽에 따로 칸을 만들어 재독한 책들만 모아 보고 싶다.

"오늘은 대한. 1년 가운데 가장 추운 시기입니다." 텔레비전 뉴스에서 그렇게 말하고 있었다.
그렇구나. 지금이 제일 밑바닥인 거야. 이제부터 따뜻해질 거야. 그렇게 스스로를 타일렀다.

모리시타 노리코, 《매일매일 좋은 날》 중에서

> 한때 하 많은 사람들 중에 나 혼자만 바닥을 기고 있는 것 같다는 절망감에 빠져 있었다. 어른 한 분이 말씀하셨다. "그래도 너보다 아래에 또 많은 사람들이 있다. 그들을 보고 살라"고. 욱하는 분노가 치밀며 "왜 그래야 하나?" 항변하고 싶었지만 그러지는 못했다. 살다 보니 나도 모르게 바닥을 확인하며 비겁하게 안도한다.

**시험을
치르는
자세**

시험 보는 날 아침에는 늘 아팠다. 아니, 아프고 싶었다. 천재지변을 기다리기도 했다. 학교 과정을 끝낼 때 무엇보다 신났던 건 지긋지긋한 시험들과의 작별이었다. 교문 밖에 더욱 고된 시험이 줄줄이 대기 중이란 걸 미처 몰랐으니까. 학교 시험을 벼락치기로 버텼다면, 이후에는 무모함과 배짱으로 통과했다.

해마다 연초에 방송작가협회 회원 건강검진이 진행된다. 이 시험은 벼락치기도 배짱도 통하지 않는 영역이다. 평소 아무리 몸의 소리에 귀를 기울인다 해도, 느닷없이 찾아오는 질병을 막을 길은 없다. 게다가 노화에 따른 신체기능 약화를 어쩔 것인가. 그저 고분고분 겸손해질 수밖에 없다.

《드라이빙 미스 노마》라는 여행 에세이가 있다. 아흔 살 노마 할머니가 남편을 암으로 먼저 떠나보내자마자 자궁암 말기 진단을 받는다. 그녀는 암 투병 대신 여행을 선택한다. 이 책은 인생의 마지막 1년 동안 아들 부부와 함께 캠핑카를 타고 돌아다닌 미국 일주 기록이다. 마침 각별하게 지내는 지인의 아버지가 시한부 선고를 받고 입·퇴원을 반복하는 중이어서 더욱 절실하게 읽었다.

노마 할머니는 수술과 치료, 재활 과정을 설명하는 의사의 눈을 쳐다보면서 이렇게 외친다. "난 아흔 살이나 먹었어요. 이제 길을 떠날 참이라오. 더 이상 병원 진료실에는 1분도 있고 싶지 않아요."

아들은 어머니에게 치료 대신 여행을 제안하는 심정을 이렇게 표현했다.

> 맥주나 와인 한 잔으로 하루를 마무리하고 싶으면 그 정도의 기쁨은 얼마든지 누릴 수 있어야 한다고 생각했다. 어떤 이유로든 요양원 시설에서 나오고 싶으면 나왔다가, 다시 들어가고 싶을 때 들어갈 수 있어야 한다고 생각했다. 저녁 식사로 아침 식사에 나올 메뉴를 먹고 싶으면 그렇게 할 수 있고, 맨발로 잔디를 걷고 싶으면 걸을 수 있어야 한다고 생각했다. 그리고 다시 웃음을 되찾을 수 있는 생활을 할 수 있어야 한다고 생각했다.

어쩌면 현실에서는 심히 이상적인 생각일 수도 있다. 하지만 죽음과 대면하기 전까지 최소한의 자존감과 품위를 유지하고 싶은 건 누구나의 소망일 것이다. 그들은 여행기를 올리는 블로그에 이런 제목을 달았다. "위도가 변한다. 태도도 변한다Changes in Latitudes, Changes in Attitudes."

최근에 《고통은 나눌 수 있는가》를 읽고 저자 엄기호 선생의 이야기를 들으며 고통의 '곁'이라는 위치에 관해 많은 생각을 하게 되었다. 어쩌면 당사자보다 더 힘들고 외롭고 고단할 고통의 옆자리, '곁'이란 말이 새삼 애잔하게 다가왔다. 저자는 고통의 당사자와 그 곁을 지키는 사람 사이에 고통을 매개하는 간극과 시야가 필요하다고, 함께 걷거나 같이 음식을 만들거나 그림을 그리며 이야기를 나누는 것이 그 역할을 해 준다고 말한다.

《드라이빙 미스 노마》를 처음 읽을 때는 노마의 용기에 감탄했다. 《고통은 나눌 수 있는가》를 만난 후에는 여행이라는 완충지대를 마련해 고통의 곁을 훌륭하게 지켜 낸 아들 부부의 지혜 쪽으로 감동의 무게가 기울었다. 혹여 내가 중병에 걸린다면? 아직은 내가 겪을 고통보다 어쩔 수 없이 내 곁을 지켜야 할 사랑하는 가족의 아픔과 슬픔이 먼저 눈에 밟히니까.

어쨌든 올해도 조신한 자세로 정기고사를 치렀고, 이제 성적표를 받을 일만 남았다. 결과 메일이 올 때까지 모든 걱정과 두려움은 일시 중단. 시험 끝나자마자 책가방 던지고 놀러 나가던 그 시절처럼, 잠시라도 해방감을 만끽하자.

읽으며 ─
─ 익어
갑니다 ─

고통은 동행을 모른다. 동행은 그 곁을 지키는 이의 곁에서 이뤄진다. 그러므로 고통을 겪는 이가 자기 고통의 곁에 서게 될 때 비로소 그 곁에 선 이의 위치는 고통의 곁의 곁이 된다. 이렇게 고통의 곁에서 그 곁의 곁이 되는 것, 그것이 고통의 곁을 지킨 이의 가장 큰 기쁨이다. 그렇게 되었을 때 비로소 고통의 곁에 선 이는 고통을 겪는 이와 이야기를 나눌 수 있게 된다. 반대로 말하면 고통의 곁을 지키는 이에게 곁이 있을 때, 그 곁을 지키는 이는 이 기약 없는 희망을 포기하지 않을 수 있다. 관건은 고통의 곁, 그 곁에 곁을 구축하는 것이다.
엄기호, 《고통은 나눌 수 있는가》 중에서

> 부모님과 4남매 중 아버지와 언니가 췌장암으로 돌아가셨다. 아버지가 투병 중일 때는 인생의 가장 힘든 과정을 겪는 중이라 고통의 곁에 다가가지도 못했다. 열네 살 위 언

니는 늘 엄마처럼 살뜰하게 막내를 챙겨 주었기에 떠나보내는 과정이 지극히 아팠다. 운명이 임박했다는 연락을 받고 한밤중에 달려가던 고속도로는 지금도 그 길에 오르면 눈이 시리다. 이후 건강검진을 받을 때마다 가족력에 경계심을 가지라는 이야기를 들어왔는데, 작은 오라버니까지 60대 말에 두경부암으로 대수술을 받았다. 해마다 시험을 치를 때면 최악의 상황에 대비하며 마음을 단단히 여미게 된다. 어쩔 수 없다.

**마음아,
이겨라!**

가정의 달, 5월. 이런저런 가족행사로 바쁜 계절이 지나가고 있다. SNS에 단란한 분위기의 사진들이 넘칠 때 부러움과 심술이 교차한다. 공연히 옛날 가족사진을 꺼내 애틋한 그리움에 잠겨 보기도 한다. 사진은 순간을 잡지만 그 순간은 영원의 느낌을 가두고 있다.

4월의 마지막 날 《희망 찰칵》(행복한책출판사, 비매품)이라는 책이 나왔다. 희귀질환인 MPS뮤코다당증 환우 가족사진으로 꾸민 작은 책이다. 2017년 여름부터 2018년 6월까지 사노피 젠자임의 후원으로 사단법인 바라봄사진관이 진행한 프로젝트의 마지막 결과물이다.

어떤 이에게는 평범한 사진 한 장이 어떤 가족에게는 큰 용기와 맞바꾸어야 얻을 수 있는 귀한 선물이 된다. 전국을 도는 촬영 현장에 1년 남짓 진행보조원으로 따라다녔다. 이동이 불편하고 남의 시선을 끄는 것이 싫어 가족여행이나 사진촬영을 기피했던 분들이기에 참 조심스러웠다. 하지만 한 걸음을 내딛기가 어려웠을 뿐, 막상 촬영이 시작되니 기쁜 웃음이 자연스럽게 솟아났다.

한국뮤코다당증환우회 우순옥 회장은 인사말에 이렇게 적었다. "삶의 행복이란 주어진 시간을 낭비하지 않고 순간을 포착하는 소소한 경험들 속에 있음을 사진을 찍으며 알게 되었다"고. 나 역시 그들 곁에서 모든 순간 행복했고 많은 것을 배웠다. 책을 꾸미며 마지막 페이지에 이 글을 얹었다.

아름다움은 내부의 생명으로부터 나오는 빛이다. 그대가 정말 불행할 때, 세상에는 그대가 해야 할 일이 있다는 것을 믿어라. 그대가 타인의 고통을 덜어줄 수 있는 한, 삶은 헛되지 않으리라. 세상에 가장 아름답고 소중한 것은 보이거나 만져지지 않는다. 단지 가슴으로만 느낄 수 있다.
헬렌 켈러

5월은 부산에서 또 다른 신경근육계 희귀질환인 폼페병 환우 김동호 씨를 만나는 것으로 시작했다. 그는 투병하며 붓을 입에 물고 그림을 그렸다. 해바라기를 좋아한 그가 활짝 핀 꽃보다 시들어 가는 모습을 즐겨 그렸던 건, 그 안에 든 씨앗들이 내일의 희망을 품고 있다는 기대 때문이었다.

병이 악화되고 호흡기를 달면서 그는 이제 걸을 수도 먹을 수도 혼자 숨을 쉴 수도 없게 되었다. 그는 누운 자리에서 붓 대신 마우스를 잡았다. 모니터를 보며 다양한 사람들과 교류하고 폼페병뿐만 아니라 다른 근육병 환우들과도 함께 희망을 모색하고 있다. 그림도 다시 그리기 시작했다. 더딘 손길로 화면에 수만 번 점을 찍어 해바라기꽃 한 송이를 활짝 피워 낸다. 그렇게 만든 작품들도 환우들을 위해 활용할 계획이다.

그는 질환이 진행될수록 같은 병을 가진 사람들에 대한 관심이 깊어졌다고 했다. 희귀질환은 인식부족으로 치료 시기를 놓치는 경우가 많다. 김동호 씨는 조기진단과 치료의 중요성을 널리 알리는 걸 자신의 사명이라 여긴다.

김동호 씨는 '건강을 잃으면 모두를 잃은 것'이라는 말을 가장 싫어한다. 그 말대로라면 자신은 모든 것을 잃고 누워 있는 환자에 불과하니까. 그는 잃은 게 없을 뿐만 아니라 오히려 병 때문에 세상을 따뜻하게 바라볼 줄 아는 마음의 눈과 소중한 사람들을 얻었다. 그에게는 시련을 이겨 내는 마법의 주문이 있다고 했다. "마음아, 이겨라!"

그를 만나고 돌아오는 기차에서 신경학자 올리버 색스의 마지막 책 《모든 것은 그 자리에》를 읽었다. 이 구절에 밑줄을 쫙 그었다.

우리가 관심을 가져야 할 것은 질병의 부재나 기능의 보존이 아니라, 평생에 걸쳐 지속적으로 발달할 수 있는 잠재력이다.

빛이 강하면 그늘은 더욱 어둡다. 5월의 들뜬 분위기가 어떤 이들에게는 아픈 화살처럼 박힐 수도 있다. 현재 국내에 등록된 희귀질환이 1000여 종이라고 한다. 같이 주문을 외자.
"마음아, 이겨라!"

읽으며 ―
―― 익어
갑니다 ―

마음이 담긴 길을 걷는 사람은 행복을 추구하는 것이 아니라 행복과 나란히 걷는다. 행복은 목적지가 아니라 여정에서 발견되는 것이기 때문이다. 행복의 뒤를 좇는다는 것은 아직 마음이 담긴 길을 걷지 않고 있다는 것이다. 당신이 누구이든 어디에 있든 가고 싶은 길을 가라. 그것이 마음이 담긴 길이라면, 마음이 담긴 길을 갈 때 자아가 빛난다.

류시화, 《새는 날아가면서 뒤돌아보지 않는다》 중에서

> 마음에도 문이 있다. 힘으로는 열리지 않는다. 공감하는 마음이 열쇠다.

**아무튼,
하루쯤
방랑**

새해 첫 트래킹으로 낙동정맥트레일을 걸었다. 스트레스로 힘들어 하는 후배와 미리 잡은 날인데 하필 올해 들어 최저 기온이라 했다. 보온속옷 두 겹에 방풍방한 외투까지 네댓 벌 옷을 껴입으니 빵빵하게 부푼 모습이 영락없는 두 마리 곰이었다. 서로 손가락질을 하며 한바탕 웃고는 비장한 각오를 품고 어둔 새벽에 시동을 걸었다.

그런데 몇 시간을 달려 막상 출발 지점에 내리고 보니 따스한 햇살이 체감온도를 누그러뜨리고 무엇보다 바람이 없어 청명한 공기가 시원하기까지 했다. 내의 한 겹을 벗어 내고 오솔길로 접어들었다.

길의 표정은 계절마다 참 많이 다르다. 이른 봄에 걸을 때는 낙동강 상류의 청청한 물빛이 눈을 시리게 하더니, 꽁꽁 얼어 잔설이 덮인 강은 동화 속 풍경처럼 고즈넉했다. 기찻길과 나란한 좁은 길과 이어진 능선의 숲길은 길고도 긴데, 풍경을 즐기며 타박타박 걷다 보니 그야말로 무념무상! 추위 따위는 아무 문제가 되지 않았다. 동글동

글한 돌을 골라 빙판에 던지면 '돌도르르' 굴러가는 소리에 귀가 즐거웠고, 두꺼운 얼음장 위를 뛰어다니며 신나게 미끄럼을 타기도 했다.

하긴 어린 시절을 생각해 보면 그때 겨울은 더 추웠다. 앞마당에 묻은 동치미는 늘 살얼음에 덮여 있었고, 논바닥이나 개울물을 얼린 스케이트장은 겨울이 끝날 때까지 녹지 않았으니, 방학 때는 아침마다 엄마 눈치를 살피며 스케이트장 입장료 타 낼 궁리에 바빴다. 말하자면 그 시절의 추위는 피하는 게 아니라 즐겨야 하는 것이었다.

영동선을 따르는 길의 매력은 양원역 대합실에도 숨어 있다. '한반도 최고 오지에 마을 주민들이 만든 최초의 초미니 민자역사'라는 표지판이 붙어 있는 곳. 미닫이 유리문을 밀고 들어가니 뜨끈한 열기를 뿜어내는 무쇠난로를 중심으로 할머니 예닐곱 분이 둘러앉아 이야기를 나누고 계셨다. 대합실이라기보다 동네 경로당인 셈이다. 추운 날 왜 돌아다니느냐며 혀를 차시는 할머니에게 과자를 꺼내드렸다. 쉬었다 가라고 손을 꼭 잡는 할머니와 고구마나 구워 먹으며 도란도란 하루를 보내도 좋겠다는 생각을 간신히 떨쳐 내고 다시 언 길로 나섰다.

그렇게 쉬다, 놀다, 지나는 기차에 신나게 손을 흔들며 걷다 보니 승부역에 닿았다. 뜨거운 어묵과 컵라면으로 허기를 채우고 출발점으로 돌아오는 기차를 탔다. 세 시간 넘게 걸은 길이 기차로는 겨우 10여 분이었다. 빠른 길과 느린 길, 속도에 길든 삶과 시간을 비켜서서 나를 들여다보는 느린 삶을 생각했다.

영화 〈와일드wild〉가 떠올랐다. 5285킬로미터, 멀고도 긴 길을 홀로 걸으며 삶의 고통과 상처를 이겨 내는 주인공은 어린 시절 어머니에게 질리도록 듣던 말을 기억해 낸다.

일출과 일몰은 매일 있는 거란다. 네가 마음만 먹는다면 그 아름다움 속으로 언제든 들어갈 수 있단다.

조지프 캠벨은 《신화와 인생》에서 이렇게 말했다.

방랑하는 시간은 긍정적인 시간이다. 새로운 것도 생각하지 말고, 성취도 생각하지 말고, 하여간 그와 비슷한 것은 절대 생각하지 마라. 그냥 이런 생각만 하라. "내가 어디에 가야 기분이 좋을까? 내가 뭘 해야 행복할까?"

비록 영화 〈와일드〉의 그녀처럼 대장정을 떠날 수는 없지만, 단 하루라도 자연 속에서 느린 호흡을 맞추며 일상의 피로를 조금씩 덜어 낼 수 있음에 나는 만족한다.

겨울은 특히 방랑하기 좋은 시간이다. 헐벗은 자연을 보면서 마음을 비울 수 있으니. 또 빈 가지를 흔드는 낙엽송 사이사이 청청한 상록수를 보며 정신을 가다듬을 수 있으니. 그리고 어느새 눈을 틔우는 나뭇가지를 보며 새로운 봄을 꿈꿀 수 있으니.

읽으며 —
—— 익어
갑니다 ——

나는 무無라는 태초의 있음에서 나와 출가出家한 사람이다. 가끔 하늘을 보면 까닭 없이 눈물이 맺히는 것은 그 너머 어딘가에 떠나온 집이 있기 때문이다. 무는 나의 원적原籍이다. 출가한 수행승들의 본분은 가는 봄과 오는 봄 사이에서 방랑하는 일이다. 숨을 잘 쉬는 것, 그리고 방랑하는 일, 이것이 이 생에서 배워야 할 진실의 전부다. 마른 풀들이 날리는 늦가을의 들을 홀로 가로질러 가는 나그네를 본 적이 있다. 가슴이 아렸다. 내가 숨 쉬며 사는 이 세상의 모든 곳은 저 피안의 바깥이다.

장석주, 《그 많은 느림은 다 어디로 갔을까》 중에서

> '걷는 것을 좋아한다'라고 말하기에는 너무 드문드문 걷는다. 지리산 둘레길 23킬로미터를 하루에 걸어 본 적이 있다. 마라톤에서 '러너스 하이'의 순간이 있다면 걷는 자에게도 '워커스 하이'가 있음을 알았다. 그

황홀한 기억이 바래지기 전에 다시 길을 나서야 한다.

읽는 여행

피서철을 지나는 즈음에는, 만나는 사람들이 두 갈래로 나뉜다. 휴가여행을 다녀온 무리와 그렇지 않은 사람. 본 것과 먹은 것, 찍은 것에 대한 한쪽의 품평을 들으며 다른 한쪽은 같은 여행을 꿈꾸기도 하고 방향을 틀어 새로운 계획을 세우기도 한다.

일터의 동료나 지인들과 이야기를 나누다 여행이 주제로 떠오르면 나도 모르게 의기소침해진다. 상대적으로 경험이 매우 빈곤한 까닭이다. 역학을 공부한 어느 분과 대화를 하던 중 가볍게 한탄을 했다. "척박한 삶이었어요. 나라 밖 여행이라고는 아주 가까운 곳으로 서너 차례 간 것 밖에 없고." 사주를 풀던 그분은 고개를 저으며 말했다. "음, 몸으로 가 보지는 않았어도 어느 누구보다 넓은 세상을 두루 다니면서 살고 있는 걸요." 아, 믿거나 말거나! 그만한 위로가 없었다.

그동안 방송작가로 일하며 만난 사람들이 전해 준 세계만 해도 얼마던가, 업무를 위해서든 개인적 취향으로

든 책으로 만난 세상도. 그렇게 들으며 함께 설레고, 읽으며 상상했던 그 모든 시간들이 내 나름의 여행이려니.

SBS 러브FM에서 '책하고 놀자'라는 독서 프로그램을 맡은 지 어느새 햇수로 14년째가 되었다. 보통 주말 녹음 방송은 PD든 작가든 메인과 병행하는 서브프로그램인 경우가 많아 오래 붙잡고 있기가 쉽지 않다. 그 와중에 이리 장기 집권을 하고 있으니 '내가 전생에 나라를 구했나?' 생각할 만큼 신기하고 고맙다. 주변에서 놀라움을 표시할 때는 이렇게 응답한다. "하루하루를 기적이라 생각하며 열심히 하고 있습니다."

뇌과학자 정재승 박사와 만나는 시간('책하고 놀자' 월간 코너 '정재승의 열두 발자국')은 특히 신나고 즐겁다. 최근에 소개한 책 《투바, 리처드 파인만의 마지막 여행》 이야기는 더욱 그랬다. 2002년에 번역 출간된 그 책은 아쉽게도 절판된 상태라 했다. 녹음을 마치고 중고서점을 검색했더니 마침 가까운 매장에 한 권이 나와 있었다. 퇴근길에 사가지고 들어와 단숨에 읽어 버렸다.

1949년에 태어난 파인만은 어린 시절 우표 수집광이었다. 1977년 동료인 랄프 레이튼과 세계의 다양한 나라 이야기를 하던 중 삼각형과 다이아몬드 모양의 우표에 '탄누 투바'라는 이름이 적혀 있던 것을 기억해 낸다. 외몽골 북서쪽에 자줏빛 점 하나로 표시된 아시아의 깊은 내륙 '투바'를 확인한 그들은, 존재 확인조차 어려운 낯선 나라로 여행을 떠나자며 의기투합한다.

그러나 냉전시대에 소련 사회주의 자치공화국을 방문하는 일은 쉽지 않았다. 파인만과 레이튼은 실망하지 않고 차근차근 여행을 준비했다. 도서관을 뒤져 투바에 관한 기록을 모으고 투바 사람들이 쓰는 말을 익혔다. 투바에 가고 싶어 하는 사람들을 모아 '투사모(투바를 사랑하는 사람들의 모임)'를 결성하고, 그들과 함께 최선을 다해 자료를 모아 투바의 지리와 문화를 공부하며 소련으로부터 초청장을 받기 위해 온갖 노력을 기울였다. 심지어 자동차에도 투바와 그곳의 수도 '키질'을 써넣은 번호판을 달고 다닐 만큼. 책에 들어 있는 사진 중에 가장 인상 깊은 것은, 파인만이 그 번호판 옆에 손을 대고 죽을힘을 다해 자동차를 밀고 있는 장면이다. 그때 파인만은 이렇게 외쳤다고 한다. "투바가 아니면 죽음을!" 알고 보니 그게 바로 이 책의 원제였다.

당시 파인만은 계속 재발하는 암으로 투병 중이었다. 11년의 노력 끝에 드디어 초청장이 나왔으나 안타깝게도 파인만은 직전에 세상을 떠나고 말았다. 이후 레이튼은 다른 동료들과 투바를 다녀와서 이 책을 썼다. 그러니 《투바, 리처드 파인만의 마지막 여행》은 '결국 떠나지 못한' 여행에 관한 이야기다. 파인만은 투바에 가지 못했을 뿐, 여행에 실패하지 않았다. 그는 투바의 지리, 역사, 언어, 문화를 샅샅이 훑으며 이미 모든 것을 보고 알고 느꼈다.

책을 읽는 동안 즐겁고 신나게, 때로는 초조하고 조급한 마음으로 그들의 열정을 응원하고 성공을 기원했다. 문득 '현재 투바는 어떤 모습일까', 궁금한 마음도 생겼으나 그냥 이 책에서 얻은 정보로 만족하기로 했다. 괜한 노력으로 실망을 자초하고 싶지 않았다. 위스망스는 소설 《거꾸로》에서 이런 말을 하지 않았는가.

상상력은 실제 경험이라는 천박한 현실보다 훨씬 나은 대체물을 제공할 수 있다.

김영하는 《여행의 이유》에서 여행기의 본질을 이렇게 이야기한다.

그것은(여행기는) 여행이 성공이라는 목적을 향해 집을 떠난 주인공이 이런저런 시련을 겪다가 원래 성취하고자 했던 것과 다른 어떤 것을 얻어서 출발점으로 돌아오는 것이다.

다시 믿자. 여행은 실패했을 때, 떠나지 않았을 때 더욱 아름다운 것이다. 호기심과 상상력의 세계는 경계와 한계가 없으니까.

덧붙여 나와 같은 사람들을 위해 투바 여행기가 복간되기를 바란다.

읽으며 ─

── **익어**

갑니다 ─

노승이 말했다. "진정한 지혜는 이 풍경 속에서 한 순간에 발견할 수도 있고, 아니면 언제까지나 깊이 감추어져 있을 수도 있습니다." 꾸뻬는 문득 깊이 감추어져 있는 그것을 자신이 지금 이 순간 보고 있다는 것을 깨달았다. 두 사람은 그렇게 침묵 속에 사원 앞에 서서 구름과 태양과 바람이 한 순간 산들과 어울려 노니는 것을 바라보았다. 꾸뻬는 이것이 지금까지의 그 어떤 것보다 새로운 배움이라는 느낌이 들었다. 모든 생각을 멈추고 세상의 아름다움을 바라볼 시간을 갖는 것, 그것이 진정한 행복이라는 것을.

프랑수아 를로르, 《꾸뻬씨의 행복여행》 중에서

> 아무리 멋진 곳이라도 무리지어 바쁘게 움직이는 여행은 싫다. 마음에 드는 곳에 머물며 현지의 삶을 오롯이 느끼는 여행을 택하고 싶다. 여행하는 법은 정했는데, 용기가 부족해 자꾸 핑계를 만들며 떠나지 못하고 있다.

익숙한 봄,
낯선 하루

서둘러야 했다. 여행지에서 맞는 첫날 아침처럼. 허나 늦었다. 내 방 내 침대였으므로. 설렘으로 잠을 설친 탓이기도 했다. SNS를 가득 채운 여행 사진들이 눈물 나게 부럽던 차, 하루 일을 비우고 길을 나서기로 했다. 멀고도 가까운 도심으로.

여행지에서는 보통 평소에 가지 않는 곳을 찾는 법. 이 날의 주제는 미술관 산책으로 잡았다. 미술은 내게 너무 먼 영역임에도, 뇌운동과 신체운동, 보는 것과 걷는 것의 비중을 같이 둔 선택이었다. 최근 만난 책에서 이런 문장이 격려의 글로 읽힌 덕분이기도 했다.

예술에서는 느끼는 게 중요하고, 예술은 느낌으로 말하고, 느낌을 통해 말하며, 느낌에 관해 말합니다.
조경진, 《느낌의 미술관》 중에서

'데이비드 호크니 전'을 보러 서울시립미술관으로 갔

다. 평일 오전인데도 관람객이 꽤 많았다. 그림은 많이 보았으되 솔직히 무엇을 느꼈는지는 잘 모르겠다. 그저 한 사람의 오랜 생애를 작품의 변화로 보는 게 좋았다. 순간의 느낌에 집중하고 노력해 온 장대한 세월을 압축해서 하나의 세계로 만날 수 있다니.

전시장 복도 작은 공간에서는 다큐멘터리를 상영하고 있었다. 좁고 불편한 자리였지만 처음부터 끝까지 보았다. 그의 젊은 날이 어떠했든 내게는 고향 들판에 이젤을 세우고 슥슥 풍경을 그려 내는 주름 가득한 그의 손이 가장 아름답게 다가왔다. 그는 말했다. "시각을 재충전하려면 자연으로 돌아가야 한다"고. "내 손이 오래된 기술이고 거기에 신기술을 더한다"고.

한 시간 가까이 다큐멘터리에 집중하느라 점심시간을 놓쳤다. 여행자답게 맛집을 검색하고 30여 분을 헤맨 끝에 슴슴한 이북식 만둣국으로 배를 채웠다. 금강산도 식후경이라고, 다시 힘을 내서 성곡미술관까지 씩씩하게 걸었다.

환경운동가 크리스 조던의 '아름다움 너머' 전시를 보았다. 그가 만든 아름답고 신비로운 사진은 실체를 감추고 있다. 사진을 확대하면 수십 수만 개의 비닐봉지, 페트병 뚜껑, 농약을 먹고 죽은 새들이 보인다. 끔찍한 반전이다. 이 전시회의 마지막 동선도 다큐멘터리 감상이었다. 8년 동안 촬영했다는 〈알바트로스〉 상영시간이 1시간 30분 남짓, 꼼짝도 못하고 영상에 빠져들었다.

아름다운 해변을 가득 채운, 세상에서 가장 긴 날개를 가졌다는 알바트로스. 적당한 거리에서 바라보는 그들의 모습은 환상적인 그림이었다. 그러나 바다에서 잡아챈 먹이가 플라스틱 잡동사니인 줄 모르고 새끼 입에 넣어 주는 부모 새. 뱉어 내지 못한 그 쓰레기들 때문에 때가 되어도 날지 못하고 죽어 가는 어린 새들을 보며 하염없이 눈물을 쏟고 말았다.

부끄럽고 처연한 심정으로 전시관을 나오다 이 글 앞에 멈추었다.

애도는 슬픔이나 절망과는 다르다. 애도는 사랑과 같다. 애도는 우리가 잃어버리고 있는 것, 또는 이미 잃은 것에 대한 사랑의 감정을 경험하는 것이다. 애도에 마음의 자리를 내준다면, 이는 우리를 진정한 생명의 근본으로 이끌 것이다.

애도를 채워 촉촉해진 마음으로 뒷마당을 바라보니 하얀 목련이 활짝 웃고 있었다.

집에 돌아와 뻐근한 다리를 주무르며 하루의 느낌을 노트에 적었다. 왠지 이날만큼은 컴퓨터를 켜지 않고 손

글씨로 적는 게 예의라고 생각했다. 비록 짧은 나들이였지만, 거장의 80여 년 삶을 따르고, 알바트로스의 우아한 날개에 얹혀 태평양을 건넌, 넓고도 깊은 여정이었다.

잠자리에 들며 기도했다. 오늘의 느낌들이 순간의 감상에 그치지 않고 더욱 진중한 생각으로 여물어지기를!

읽으며 ―
―― 익어
갑니다 ―

태초부터 우리 모두는 사랑의 존재였습니다. 하지만 시간이 지나면서 그러한 가치들은 천천히 잊어버리고 세상이 주는 억압에 짓눌립니다. 그래서 어른이 되면 더 이상 세계에 대해 경탄하지 않게 됩니다. 공부를 잘 해야 한다거나 돈을 많이 벌어야 한다는, 세상이 우리에게 주는 억압은 삶의 기쁨을 다 갉아 먹습니다. 우리도 잃게 되죠. 우리 모두 삶이 기적이라고 하는 아주 기본적인 사실조차도 잊게 됩니다. 타인과 사랑을 나누는 법도 잊어버리게 되죠.
인디고 서원 엮음, 《크리스 조던-아름다움의 눈을 통해 절망의 바다 그 너머로》 중에서

> 무엇이 좋다, 싫다. 무엇을 안다, 모른다. 억압에 짓눌린 삶은 이런 말을 하는 데도 큰 용기가 필요하다. 모르는 것을 인정하고 알고자 노력하는 마음을 편하게 드러낼 수 있는 사람이, 또한 잃은 것을 잃었다고 솔직

하게 말할 수 있는 사람이 진짜 어른이다.

물리와
화해하기

1년에 서너 번, 여고시절 친했던 친구들과 짧은 여행을 떠난다. 한방에서 밤늦도록 수다를 떨 때 단골로 등장하는 소재가 그 시절 선생님들 이야기다. 특히 원망의 표적이 되는 물리 담당이 화제로 등장하면 다들 침을 튀기며 그의 만행을 성토한다. 아이들이 자거나 말거나 건조한 표정으로 자신만의 말을 웅얼거리던, 그리하여 이과였음에도 어쩔 수 없이 물리를 포기하게 만든 원흉으로.

아들이 결혼하겠다며 여자친구를 소개했을 때 물리 전공이라는 말에 경악했다. 그 어려운, 나는 언감생심 가까이 다가갈 수도 없었던 과목. 심지어 대학원을 거쳐 고교 물리교사가 된 며느리를 존경하기로 했다.

독서 프로그램을 처음 맡았을 때는, 흠모하던 문학 작가들을 직접 만날 수 있다는 것에 가장 설레었다. 그런데 언젠가부터 내가 모르는 영역, 관심을 두지 않았던 분야에 더 강렬한 호기심이 생기고, 전문가들을 초대하는 것이 신선하고 즐거워졌다.

과학 저술을 접할 때는 오랫동안 닿을 수 없는 먼 거리에 있던 것이라 두려움을 이기기 위한 대단한 각오가 필요했다. 허나 딱딱하고 차갑고 냉정할 거라는 예상은 기분 좋게 깨졌다. 어느 시인보다 진득한 감성을 품은 글, 통쾌한 유머를 구사하는 문장들이 의외로 많았다.

최근 몇 년 사이 물리학자에 대한 대중들의 관심이 높아지면서 관련 저술도 늘어났다. 아마도 '알쓸신잡'이라는 TV프로그램의 영향도 있을 것이다.

그동안 '책하고 놀자'에서 만난 과학자, 과학저술가 들의 면면도 화려하다. 뇌과학자 정재승 교수, 천문학자 이명현 대표, 생물학자 최재천 교수, 물리학자 김상욱 교수, 칼 세이건의 《코스모스》를 번역한 고 홍승수 선생, 과학과 대중을 잇는 '사이언스 커뮤니케이터'를 자처하는 이정모 관장, 《종의 기원》을 번역한 과학철학가 장대익 교수 등. 이 시대 최고 과학자들을 두루 만나고 읽었으니 후반기 내 인생에 이보다 복된 반전이 있을까 싶다.

인생의 목표가 성공이 아니라 성숙이라면 우리는 날마다 새로운 삶을 살기 위해 노력해야 합니다. 습관은 안락하고, 포근하고, 안전하게 우리의 삶을 여기까지 끌고 왔지만, 새로고침이 주는 뜻밖의 재미, 유쾌한 즐거움은 여러분의 삶을 더욱 풍성하게 해줄 겁니다. 우리 뇌

는 습관이라는 틀을 벗어나기가 매우 어렵게 디자인돼 있지만 새로운 목표를 즐겁게 추구하도록 디자인돼 있기도 합니다. 어느 뇌 영역을 사용할 것인지는 이제 여러분이 선택하시면 됩니다.

정재승의 《열두 발자국》

반평생 과학을 등지고 살았으니 후반전은 새로고침으로 유쾌한 과학 읽기 습관을 익혀 보는 것도 나쁘지 않을 것이다. 이명현 대표는 《과학은 그 책을 고전이라 한다》 서문에서 이렇게 말했다.

좀 힘들고 어렵더라도 새로운 것을 즐기려는 태도를 조금이라도 갖고 과학책을 대한다면 새롭고 경이로운 세상이 열릴 것이다. 처음 만나는 이국적인 요리처럼 말이다. 약간의 두려움과 약간의 낯섦을 각오한다면 그 보답은 경이로움 그 자체일 것이다. 약속한다.

이 약속을 믿는다. 믿으면 이루어진다는 말도 굳게 믿고 있다.

물리학자 김상욱 교수는 《떨림과 울림》 서문을 이렇게 시작했다.

우주는 떨림이다. 정지한 것들은 모두 떨고 있다.

그리고 이렇게 덧붙인다.

인간은 울림이다. 우리는 주변에 존재하는 수많은 떨림에 울림으로 반응한다. 나의 울림이 또 다른 떨림이 되어 새로운 울림으로 보답받기를 바란다.

물리가 이토록 아름다운 학문이었던가. 과학자라기보다는 시인이나 철학자의 글처럼 깊게 울리고 넓게 떨린다. 《과학은 그 책을 고전이라 한다》에 소개된 물리학자 마커스 초운의 '마법의 용광로' 프롤로그 첫 문장도 지극히 매혹적이다.

당신이 내쉬는 모든 호흡마다 별 깊숙한 곳의 부글거리는 용광로에서 버려진 원소들이 배어 있다. 별이 폭발해 10억 개의 태양보다 더 밝게 타오르며 우주의 공간 속으로 흩뿌린 원소들이 당신이 꺾은 모든 꽃잎마다 들어 있다. 당신이 읽은 모든 책에는 별 사이로 부는 바람을 타고 불가사의한 시공간의 심연을 날아다니는 원소들이 스며 있다.

오랫동안 내 꿈은 '인적 드문 사막에 누워 시간을 잊은 채 검은 하늘 가득한 아름다운 별들을 바라보는 것'이었다. 이 꿈이 시적인 상상력이 아닌, 물리학적 실천 욕구라는 걸 비로소 깨닫는다. 이 정도만 해도 늦은 화해의 이유는 충분하다.

읽으며 익어 갑니다

우리 몸의 근원적인 고향은 저 우주 속 별들의 내부가 아니겠는가. 좀 더 거슬러 올라가면 별을 만든 별먼지가 바로 우리가 될 것이다. 생각하는 별먼지! 이 생각하는 별먼지가 자신의 고향인 별이 가득한 밤하늘을 바라보고 있자면, 향수에 젖어드는 것은 당연한 일일 듯 싶다. 그곳에 세라도 얻어서 가고 싶은 것이야 인지상정일 테고. 우주로 갑시다! 고향으로 갑시다!

이명현, 《이명현의 별 헤는 밤》 중에서

> 과학과 최대한 멀리 떨어지려고 했던 나의 나쁜 습관은 서서히 고쳐지는 중이다. 별을 보러 사막에 가고 싶다는 오랜 꿈도 곧 이루어질 것이라 믿는다.

읽는 사랑

열 살 무렵이었나 보다. 엄마랑 TV를 보는데 거무튀튀한 (그때는 흑백이었으니 더욱) 한 아저씨가 굵은 눈썹을 꿈틀거리며 노래를 부르고 있었다. "사랑이 무어냐고 물으신다면 눈물의 씨앗이라고 말하겠어요." 얼굴 근육을 찡그렸다 폈다 하면서 한 음 한 음 꺾어 대던 가수 나훈아의 젊은 시절 모습과 목소리. 뭔가 기괴한 느낌을 주던 그 장면이 오래오래 기억에 남아 있다.

유행가 덕분에 그 시절 사랑에 관한 단문답 퀴즈가 성행했다. 초등학생들도 주고받을 만큼. '사랑이 눈물의 씨앗'이라니 얼마나 놀라운 비유법인가. 그 시절 작사가는 대중가요의 영향력을 극대화시킨 대단한 문학가다.

대학교 1학년 때 신입생환영회에 과대표로 나가서 노래를 불렀다.

"사랑은 괴롭고 쓰지만
사랑은 무섭다고 말하지만

그러나 사랑을 못하는 이 마음
사랑을 미워해 미워해"

스무 살이 넘도록 연애 한번 못해 본, 노래로 배운 사랑은 가사가 이미 파국이었다.

2009년 4월, 아니 에르노의 소설 《단순한 열정》을 만났다. '뒤적뒤적' 독서를 이끄는 김탁환 작가가 아주 진득한 연애소설을 읽어 보자며 가져온 책이다.

아니 에르노는 본인이 체험하지 않은 것은 쓰지 않는 작가로 유명하다. 쉰이 넘은 작가가 어느 동구권 대사관 직원과의 뜨거운 사랑을 솔직하게 털어 놓았으므로 발표 당시 프랑스 문단에서 엄청난 논란을 일으켰다고 했다. 그 소설을 만난 그때 내 나이가 마침 쉰이었다.

미친 듯이 사랑을 나누었으나 그가 누구인지는 밝힐 수 없는 불행한 연애. 작고 얇은 소설 하나가 내 속을 마구 흔들어 놓았다. 짧지 않은 인생에서 단 한 번도 이런 감정의 소용돌이에 빠져 보지 못한 연애의 가난이 불쌍했다.

불타는 사랑의 광풍 이후 작가는 이렇게 말한다.

어렸을 때 내게 사치라는 것은 모피 코트나 긴 드레스 혹은 바닷가에 있는 저택 같은 것을 의미했다. 조금 자

라서는 지성적인 삶을 사는 게 사치라고 믿었다. 지금은 생각이 다르다. 한 남자, 혹은 한 여자에게 사랑의 열정을 느끼며 사는 것이 사치가 아닐까.
아니 에르노, 《단순한 열정》 중에서

맞다. 나는 사치보다 근검절약을 선호하는 쪽이니까. 이런 말도 안 되는 당위성으로 스스로를 다독였다.

2년 전쯤 안나 가발다의 《나는 그녀를 사랑했네》를 읽으며 이 소설을 다시 떠올렸다. 애인이 생겼다며 떠나버린 남편에 대한 배신감으로 죽을 듯이 괴로워하는 며느리에게 담담하게 자신의 연애담을 털어놓는 시아버지의 이야기다. 아내와 애인 사이에서 줄타기를 할 수밖에 없었던 남자. 그는 연인과 함께 했던 시간을 이렇게 회상한다.

그건 점선으로 이어진 삶이었다고 생각해. 아무것도 없다가 무언가가 있고, 다시 아무것도 없다가 무언가가 있고, 그러고 나면 또다시 아무것도 없고 그랬어. 그래서 세월이 아주 빨리 지나갔지. 돌이켜 생각해보면 그 일이 겨우 한 철밖에 지속되지 않은 것 같은 느낌이 들어. 한 철도 아니고 그저 한 줄기 바람, 하나의 신기루였던 것 같아. 우리에게는 일상의 삶이 빠져 있었어.

소설 속에 숨겨진 연인 마틸드가 '내 남자이지만 남의 남편인 그'와 나누고 싶은 소소한 일상을 빼곡히 적은 것을 보여 주는 장면이 있다. "당신이 골라 주는 구두와 속옷과 향수 사기, 당신 어깨 너머로 신문 읽기, 빗속에서 같이 노래 부르기, 뜨개질 배워서 당신에게 목도리 떠 주기, 그랬다가 보기 흉하다고 다시 풀어 버리기" 등, 여남은 장은 족히 넘었다는 소망의 나열에는 "대중가요의 가사를 함께 음미하기"도 들어 있다.

사랑은 때로 과시다. 남들 앞에서 사랑을 뽐낼 수 없다는 건 연인에게 큰 결핍이 된다. 그런데 그 사랑이 보통의 일상이 되면 시들해진다. 이 남자의 아들이 한때 뜨겁게 사랑했던 아내와의 결혼생활이 무료하다며 다른 애인을 찾아간 것처럼. 그러니 사랑은 박제된 채로 남아 있는 게 오히려 영원한 생명을 얻는 것일 지도 모른다.

며칠 전 한 드라마를 보는데 이런 멋진 대사가 나왔다.

"난 사랑 타령하는 드라마가 좋아.
실제로 할 일은 없으니까."
드라마 〈멜로가 체질〉 중에서

어쩌다 보니 요즘 사랑 타령하는 책을 자주 읽는다. 나야말로 뒤늦게 그런 무모한 용기를 낼 일은 없을 테니까.

읽으며 ―

―― 익어

갑니다 ―

사람들은 로맨스 서사의 판타지로 배워온 사랑으로부터 자유롭지 못하다. 내가 하는 사랑은 이토록 구질구질한데 영화 속 사랑은 감미롭기만 하니, 번번이 내가 어딘가 잘못된 사람처럼만 느껴진다. 사랑은 어딘가에 따로 있는 것만 같고, 내가 하고 있는 이것은 어떤 실수이거나 고행이거나 투쟁처럼만 느껴진다.

김소연, 《사랑에는 사랑이 없다》 중에서

> 지성인에게 무모한 연애는 절대 불가능하다고 생각했던 시절이 있었다. 엄청난 오해였다. 그 어떤 것으로도 막을 수 없는 것, 아니, 굳이 막을 필요도 없는 게 중년의 사랑이다.

혼자가 아닌
나는
없다

스물한 살 늦가을, 절친 다섯이 계룡산을 올랐다. 마냥 시퍼런 하늘은 확 몸을 던지면 바로 튕겨 낼 것처럼 쨍쨍했다. 정상을 조금 앞두고 작은 암자를 만났다. 맑은 샘에서 잠시 목을 축이는데 한 도사님이 나타나 손짓으로 우리를 불렀다. 각자 생년월일을 대라 하더니 내 사주를 보고는 혀를 쯧쯧 차며 "어허, 외로울 '고(孤)'자가 둘이나 들어 있네" 했다. 왠지 고매한 인생이다 싶어 우쭐했다. 사춘기는 물론 대학시절에도 변변한 연애를 못해 본 게 다 그 덕이라 아니 그 탓이라 여겼다.

연애는 못 했어도 시골 교사 생활을 접겠다고 서둘러 결혼은 했고, 12년 만에 어둠의 생활을 끝냈다. 결혼은 바보같이 했지만 이혼은 누구보다 똑똑하게 해야겠다는 다짐으로 무료법률상담소를 찾아 차분하게 진행했다. 다행히 아들이 '엄마랑 한 팀만 된다면'이라는 조건으로 적극 지지하고 응원했기에 친권과 양육권을 가지고 둘만의 삶을 시작했다.

법정판결일에 해마다 몇 주년을 붙여 파티를 했다. 그게 뭐 대단한 거라고. 이젠 햇수 세는 걸 잊었다. 최근 한 드라마에서 지극히 비현실적인 장면을 보았다. 헤어지면서 아내에게 집을 선물하는 남편, 필요 없다는 아내. 잘생긴 남편이 그윽하고 애틋한 표정으로 이렇게 말한다. "나랑 이혼해서 얻는 게 불행뿐이라면 내가 너무 비참하잖아." 설마 이 드라마를 보면서 이혼에 대한 환상을 갖는 사람은 없겠지? 단언컨대 이렇게 로맨틱한 이혼은 이 세상에 없다.

> 우리는 흔히 혼자됨을 개인적인 실패라고 여기지만, 그것은 사실 자연스러운 삶에 속한 것이며, 홀로 있음에 힘들어하는 것 역시 사회적인 통념에서 비롯한 것이다. 이를 안다면 혼자인 사람은 자신이 커다란 전체의 일부임을 깨닫는다.
> 프란치스카 무리, 《혼자가 좋다》

작년 봄 지인 추천으로 이 책을 읽었다. SNS에 "좀 싱거운 느낌. 난 이미 고수인 듯, 싱글 코칭이라도 해야 할까?" 이렇게 독후감 아닌 독후감을 올렸는데 뜻밖의 일로 이어졌다. 기업 초빙 강사인 지인이 작은 동아리에서 가볍게 강연을 해 보면 어떻겠냐는 제안을 했다. 재미도 있고 의미도 있을 것 같아 흔쾌히 수락했다.

'혼자가 아닌 삶은 없다'라는 제목을 잡고 프란치스카 무리의 책과 함께 몇 해 전에 읽은 사회학자 노명우의 책 《혼자 산다는 것에 대하여》, 그리고 그보다 훨씬 오래 전에 눈물 빼며 읽었던 김재진의 시집 《누구나 혼자이지 않은 사람은 없다》를 참고도서로 골랐다.

> 혼자라는 것은 같이 있다는 것에 비추어보면 분명 결핍이다. 같이 있다는 것은 혼자 있다는 것에 비추어보면 충족이다. 하지만 행복이라는 틀로 비추어보면, 행복은 혼자 있을 때와 같이 있을 때 어느 한쪽과 일방적인 관계를 맺지 않는다. 행복이란 혼자이기에 발생할 수 있는 결핍에서 벗어날 때, 그리고 같이 있을 때 발생하는 과잉 충족으로 인한 질식에서도 동시에 벗어날 때 가능하다.
> 노명우, 《혼자 산다는 것에 대하여》

살아 보니 대개의 경우 과잉보다는 결핍이 나았다. 충족은 태만과 일탈을 불렀고 결핍은 성실과 노력을 이끌었으니. 단독자로 분투한 삶은 스스로도 참 대견할 정도다.

노명우 교수는 말했다. 단독인의 사회는 홀로서기에 성공한 사람들의 '자기만의 방'이 서로 연락선도 닿지 않는 고립된 섬으로 흩어져 있는 곳이 아니라 자기만의 방이 보이지 않는 네트워크로 이어진 사회를 의미한다고. 그래서 자신을 소중하게 여기는 사람은 역설적으로 연대의 필요성을 민감하게 느끼는 두뇌의 촉수를 지녔다고.

요즘 내가 자주 만나는 사람들은 대개 나보다 젊은 여성 '단독자'들이다. 이들과 어울릴 때 가장 편안하다. 어느 날 진지하게 지인에게 고백했다. "내가 뒤늦게 성정체성이 의심될 정도로 남자보다 여자들이 더 멋지게 보여" 했더니 그 지인은 잠시 틈도 주지 않고 반박했다. 당신만 그런 게 아니라고, 나이 들면 다 그렇더라고. 어쨌든 그렇다는 이야기다.

김재진의 시는 혼자보다 혹독했던 둘을 청산할 무렵, 나를 다독여 주었다. 특히 이 구절이.

별들은 멀고 먼 거리
시간이라 할 수 없는 수많은 세월 넘어
저 혼자 반짝이고 있지 않은가
반짝이는 것은 그렇듯 혼자다
김재진, 《누구나 혼자이지 않은 사람은 없다》 중에서

어두운 밤하늘, 작은 반짝임이 물결을 이룬 은하수는 얼마나 아름다운가. 내가 강江을 좋아하고 별을 좋아하는 건 바로 이 까닭인가 보다.

읽으며 ─

─ 익어

갑니다 ─

종종 결혼식이 트로이의 목마 같다는 느낌이 들어요. 결혼의 현실에서 눈을 돌리게 하려고 내가 열심히 팔고 다니는 꿈. 그들은 딴 사람들과 차별화하겠다며 이런 것들을 선택해요. 되도록 평범해지지 않겠다며 이런 것들을 선택하죠. 하지만 결혼하기로 선택한 것보다 더 평범한 게 세상에 어딨어요?

개브리얼 제빈, 《비바, 제인》 중에서

> 결혼과 비혼의 장단점을 따지는 건 무의미하다. 각자의 성향에 따라 선택하고, 그에 충실한 책임을 지는 게 중요할 뿐. 간혹 이혼 상담을 하러 오는 지인들이 있었다. 말하자면 자기 편이 되어 달라는 의미였다. 대개는 거절했다. 결혼도 이혼도 애들의 편가르기가 아니다. 성숙한 어른의 삶이어야 한다.

늙는 게
뭐라고

기해생이 기해년을 맞으니, 긴 세월 한 바퀴 돌아 다시 0살이다. 한 젊은 친구가 물었다. "나이가 들면 어떤 점이 좋아요?" 이렇게 대답했다. "지루했던 많은 것들이 끝나는 걸 보게 돼. 그 재미가 쏠쏠해."

몇 년 사이 15년, 20년, 오래 붓고 있던 보험들의 납입이 끝났다. 보장된 기한까지 보험금을 탈 일만 남았다. 물론 아프거나 다치거나 하는 경우가 되겠지만. 엉겁결에 가입해 분수에 넘치는 금액을 죽어라 부었던 종신연금도 드디어 불입이 끝났다. 그동안 나를 격려하며 지켜봐 준 지인들을 불러 모아 파티를 열었다. 종료 다음 달부터 일정 금액이 통장에 들어왔다. 죽을 때까지라고 했다.

"오래 살아야겠네!" 누군가는 이렇게 덕담 아닌 덕담을 했다. 뭐 길게 살아 넣은 돈보다 많이 받으면 좋은 거고. 혹 수명이 짧아 잉여의 삶이 지겹다는 생각 들기 전에 떠날 수 있으면 더욱 다행이겠다.

오래 전 같이 일하던 친구는 나를 이렇게 나무라곤 했

다. "너는 걱정도 저금하면서 사니!" 조바심이 많아 없는 근심까지 만들어 내는 나를 보며 늘 답답했던 게다. 그랬던 내가 아주 많이 달라졌다. 그 시절 걱정거리가 100이었다면, 많은 의무와 경제적인 압박으로부터 살짝 벗어난 지금은 2~3 정도랄까. 내 이름으로 된 집 한 채 없지만 마냥 낙천적으로 산다.

작년 겨울 나이도 직업도 다양한 낯선 사람들과 2박3일 여행을 떠났던 적이 있다. 똑 부러지게 자기 사업을 잘하는 40대 독신여성에게 누군가 미래의 꿈을 물었다. 그녀는 잠시 생각하다가 이렇게 대답했다. "음, 딱히 꿈은 없고 그냥 예순이 되기 전에 이 세상에서 사라지고 싶어요." 웃음으로 눙치는 발언이었기에 그 또한 멋진 말로 넘어가는 분위기였다.

그날 밤 맥주를 마시며 대화를 나눌 때 그녀 곁에 서서 살짝 귓속말을 했다. "내가 어쩌다 보니 60이 되었는데요. 막상 이 나이가 되어 보니 제법 살 만해요. 기대해 보셔도 좋아요." 당황하며 얼굴이 빨개지는 그녀를 다시 황급히 위로했다. "괜찮아요. 나도 어렸을 때는 그런 생각 했었으니까요."

이럴 때 인용하기 딱 적당한 글이 있다.

내 안에는 모든 나이가 다 있네. 난 세 살이기도 하고,

다섯 살이기도 하고, 서른일곱 살이기도 하고, 쉰 살이기도 해. 그 세월을 다 거쳐 왔으니까, 그때가 어떤지 알지. (중략) 어떤 나이든 될 수 있다는 것을 생각해보라구! 지금 이 나이에 이르기까지 모든 나이가 다 내 안에 있어.
미치 앨봄, 《모리와 함께한 화요일》

아니 어쩌면 내가 50대를 앞두고 읽었던 이 글에 더 공감할 지도 모르겠다.

내가 열 살 때 어느 노인은 서른 살이었다. 내가 서른 살 때 노인은 쉰 살이었다. 내가 쉰 살 때 노인은 일흔 살이었다. 이래서 언제 그 노인을 따라잡겠는가?
장 루이 푸르니에, 《나의 마지막 남은 검은 머리카락 하나》

인생 후반부를 잘 준비해 보겠다는 의지로 뒤늦게 노인복지를 공부하면서 '노년에 인생의 길을 묻다'라는 프로젝트에 참여한 적이 있다. 연령대별로 노년에 관한 지도를 그려서 책으로 엮었는데, 내가 50대를 맡았다. 준비 작업을 하면서 50대의 거창한 사명을 이렇게 피력한 기억이 난다. "노년으로 가는 희망의 다리가 되어야 한다."

아마도 '늙되 낡아지면 안 된다', '동작은 느려도 생각은 고정되면 안 된다'고 방금 쉰이 된 자신에게 거는 주문이었을 것이다.

노화는 신체적인 근육과 뼈대만 굳어 가는 게 아니다. 마음의 유연성도 점점 줄어들고 눈이 어두워지는 것만큼 생각의 시야도 자꾸 좁아진다. 헬스클럽에서 운동하고 성형외과를 찾아 검버섯과 주름을 없애는 것으로 그 문제를 해결할 수 없으니, '동안'보다는 '동심'을 회복하는 것이 훨씬 이롭다.

신경과 전문의 올리버 색스는 마지막 저서의 '나이든 뇌와 노쇠한 뇌' 파트에서 뇌가 건강하려면 최후의 순간까지 활발하고, 경이로움을 느껴야 하고, 놀고, 탐구하고, 실험해야 한다는 점을 강조했다.

경험은 획일적이 아니라 늘 변화하고 도전적이며, 시간이 경과할수록 더욱 더 포괄적인 통합을 요구한다는 게 '진짜 삶'을 사는 것의 본질이다.
올리버 색스, 《모든 것은 그 자리에》

요즘 인생의 어느 시기보다 '재미'와 '즐거움'을 추구하는 중이다. 엄격한 품위보다는 헐렁한 일탈의 세계를 만나는 재미, 경계 없이 열린 대화를 하는 즐거움, 낯선 것을 접하고 받아들일 때 느끼는 '짜릿함'에 끌린다. 하여 몸은 좀 둔해졌을지언정 젊었을 때보다 훨씬 역동적으로 움직이는 느낌이다.

가끔은 책상에서 이런 강적도 만난다. 《백 살까지 살 각오는 하셨습니까》(가스가 기스요와). 각오는 무슨. 늙는 게 뭐라고! 제발 잘 늙어 가는 길에 두려움을 강요하지 말라.

읽으며 —
— 익어
갑니다 —

오는 나이를 다소곳이 인정하고 그에 어울리는 삶의 태도와 행동을 확인해 보는 그런 자리로서의 회갑연은 꼭 필요하다는 것이 내 지론이다. 회갑은 아름다운 노년의 시작이다. 잘 나이 들어가겠다는 나와 가족의 다짐이라고 하면 더 뜻깊다.

이근후, 《나는 죽을 때까지 재미있게 살고 싶다》 중에서

> 오래전 아버지 어머니가 회갑을 맞았을 때는 온 식구가 한복을 입고 친척과 지인들을 불러 잔치를 열었다. 요즘 60대는 노인 축에도 끼지 못하니 회갑 운운하는 것조차 쑥스럽다. 그래도 한 바퀴 도느라 수고한 몸과 맘을 다독이고, 숨을 고르며 새로운 다짐을 하는 시간은 필요하지 싶다.

나는 진정한 묘비명은 비석에 새겨지는 게 아니라고 믿는다. 그가 남기고 싶다고 하여 남겨지겠는가. 돌에 굳건히 새긴들 영원히 기억되겠는가. 우리가 세상에 남길 수 있는 진정한 흔적은 사랑하고 아끼는 사람들의 가슴에 남기는 좋은 기억뿐이다. 내가 죽은 후에 누군가가 나로 인해 사는 게 조금은 행복했다고 말해 준다면, 그보다 값진 인생이 또 있겠는가. 오늘도 우리는 타인의 가슴에 기억을 새기며 살고 있다. 나는 당신에게 묻고 싶다. 당신은 어떤 사람으로 기억되기를 바라는가. 누군가의 행복에 기여하는 존재로 살아가고 있는가.

이근후, 《어차피 살 거라면, 백 살까지 유쾌하게 나이 드는 법》 중에서

> 아들이 아들을 낳아 이제 진짜 할머니다. 이제 귀여워질 일만 남았다. 함께하는 시간이 어디까지일지는 모르지만, 훗날 손자가 귀엽고 유쾌했던 할머니의 모습을 몇 장면이라도 기억할 수 있다면 내 삶은 대성공이다.

**그림책을
읽는
시간**

노인복지관에서 인문학 강의 요청을 받은 적이 있다. 분수에 넘치는 일이라 사양했더니 능력껏 해 달라는 재주문이 들어왔다. 가장 쉬운 길을 고민한 끝에 그림책을 잡았다.

나이가 들면 상상력이 점점 쪼그라든다. 긴 세월 지루할 틈 없이 마주친 별별 사건들 탓일 게다. 이미 '세상에 이런 일이?' 류의 희한한 일들을 수없이 헤치고 왔으니. 하지만 현실 너머를 볼 수 없는 삶은 얼마나 지루하고 잔인한가. 그러니 나이 들수록 그림책을 가까이하면 정신건강에 이롭다. 게다가 그림책 속 할머니, 할아버지 들은 대개 지혜롭고 한편으로는 엉뚱하며 대책 없이 귀엽다.

근래에 본 그림책 중 가장 마음을 끌어당긴 안녕달 작가의 《할머니의 여름휴가》를 교재로 골랐다. 파스텔 톤의 아련한 그림만 보고 있어도 잔잔한 행복이 찰랑찰랑 가슴을 건드리는 책의 내용은 이렇다. 한여름 고장 난 선풍기 바람으로 더위를 견디는 할머니에게 어린 손자와 며느리가 찾아온다. 해변에서 휴가를 보내고 온 손자는 할머니에게도 바다를 보여 주고 싶지만, 엄마는 할머니는 힘들어서 못 가신다며 말린다. 아이는 바다에서 주워 온 소중한 보물 소라껍데기를 할머니에게 선물하고 돌아간다. 할머니는 손자의 사랑이 담긴 소라껍데기를 귀에 대고 상상의 세계를 펼친다. 강아지를 앞세우고 꼬불꼬불 소라게를 따라간 바다에서 피서를 즐기는 할머니. 집으로 돌아와 다시 켠 선풍기에서는 바닷바람이 불어온다.

할머니 할아버지 들과 그림을 보며 떠오르는 노래들을 듣고 함께 불렀다. 옛 가요들은 노랫말이 참 아름답다.

고동을 불어 본다
하얀 조가비
먼 바닷물 소리가 다시 그리워
노을 진 수평선에 돛단배 하나
하얀 조가비 꽃빛 물든다
박인희 '하얀 조가비'

바닷가에 모래알처럼 수많은 사람 중에 만난 그 사람
파도 위에 물거품처럼 왔다가 사라져 간 못 잊을 그대여
저 하늘 끝까지 저 바다 끝까지
단둘이 가자던 파란 꿈은 사라지고

바람이 불면 행여나 그 님인가
살며시 돌아서면 쓸쓸한 파도 소리
키보이스, '바닷가의 추억'

그림 한 장, 노래 한 가락에 수많은 추억과 꿈이 뭉게뭉게 피어난 시간이었다. '인문人文'을 '삶의 무늬'라 한다면, 이 정도 놀이도 괜찮지 않을까.

방송국 작가실에 도착하는 홍보도서 중에는 그림책들이 꽤 있다. 일반 책들과는 크기가 다르니 봉투를 개봉할 때부터 설렌다. 아이에게 주려고 들었다가 어른이 먼저 빠져들 만한 그림책들이 아주 많기 때문이다. 사라 저코비의 그림책 《시간은 어디에 있는 걸까》도 그렇게 만났다. '시간'이라는 주제에 관심이 많아 특히 눈에 띄었다.

첫 그림은 이렇다. 어둠이 깊게 내려앉은 고적한 길, 높은 하늘에는 점점이 별들이 반짝이는데, '시간'이라는 이름을 붙인 작은 차 한 대가 헤드라이트를 밝힌 채 외로운 길을 가고 있다. 이어서 아이들의 마음에도 쉬이 다가갈 수 있을 그림들이 펼쳐지고, 시간을 표현하는 잠언 같은 글들이 얹혀 있다.

자세히 보면 보일 거야.
닿을 수도 있어.

모자라거나 넘치지 않아.

크지도 작지도 않아.

늦으면 특히 정확해져.

철학수수께끼 같은 말들이 적당한 풍경 속에 녹아든다. 아이들과 놀이를 즐기는 가족의 시간에 "잡을 수 없어. 과자랑 바꿀 수도 없어. 그저 얻은 만큼 가질 뿐이야"라고 붙인 마지막 글은 특히 뭉클하다.

시간에 관한 책을 꽤 많이 모았는데, 당분간은 이 그림책을 가장 앞에 두고 싶다.

솔직히 그림에 관해서는 아는 게 별로 없다. 아주 가끔 전시회를 보러 가기는 하지만, 안목이 없으니 감흥도 들쭉날쭉이다. 때로는 유명한 화가의 걸작보다 책을 꾸민 작은 그림 한 장에서 더 묵직한 떨림을 느낀다.

취지는 달랐겠지만, 출판평론가이자 탐서가 표정훈의 글에서 내 맘대로 타협점을 찾았다.

> 책은 읽는 것이지만 '책 본다'라고 말하기도 한다. 그림은 보는 것이지만 '그림을 읽는다'라고 할 때도 있다. 책과 그림은 읽기도 하고 보기도 하는 '텍스트'라는 점에서 둘은 뜻밖의 친구다.
> 표정훈, 《혼자 남은 밤, 당신 곁의 책》

하여 나는 오늘도 그림책을 펼치며 그림과 책, 두 친구의 아름다운 우정을 확인한다.

읽으며

—— **익어**

갑니다 ——

노화는 무엇보다도 자기 몸과 다시 시작하는 랑데부다.
자기 몸속의 관, 필터, 링크, 펌프와 치르는 단독대담이다.
그것들은 오랫동안 남몰래 제 역할을 해오다가 갑자기,
관심을 가져달라고 요청하면서, 의식으로 파고든다.
율리 체, 《형사 실프와 평행우주의 인생들》 중에서

> 노안이 심해지니 글이 빽빽한 책은 좀 부담
> 스럽다. 돋보기 도수를 올리지 않고 버티는
> 건 알량한 자존심이다. 아름다운 그림책을
> 볼 때는 마음에 평화가 깃든다.

살아 있다는 것만으로도 이미 책 한 권이 저절로 써지는
것 같지만, 사실은 아무것도 없다.
아니 에르노, 《세월》 중에서

아직은 정기적으로 써야 할 글들이 적지 않은데 종종 머릿속이 텅 빈 것 같은 느낌이 든다. 그동안 보고 들은 게 아무리 많은들, 구슬이 서 말이라도 꿰는 법을 잊으면 무슨 소용이랴. 허니 부지런히 상상력을 갈고 다듬어야 한다.

**모든 경계에
우정이
흐르기를**

'언젠가는 하게 되겠지, 죽기 전에는 꼭 할 거야' 이렇게 수십 년을 미루어 온 것 중 하나가 '수영 배우기'다. 강이든, 바다든, 수영장이든, 바라볼 때는 평화로워도 들어가긴 무서운 곳이었다. 나이가 들면 기억력이 쇠퇴하며 무모한 용기가 생긴다. 집 근처에 수영장이 생기고 1년을 뭉개다가 드디어 등록을 했다. 주 2회, 평일 오전 여성수영반이라 다가가기가 조금은 수월했다.

시작할 때는 대여섯 동지가 있었으나, 상대적으로 젊은 그들과 발을 맞추는 건 언감생심. 조급함을 버린다 해도 3개월째 접어드니 살짝 초조해졌다. 연령 불문, 모든 사회적 배경의 사람들이 평등해지는 공간이 수영장이라지만, 실력자와 초보를 가르는 수영장 레인은 엄정했으므로.

어느 날 물을 잔뜩 들이켜고 캑캑거리는 내게 옆 레인의 한 여인이 말을 건넸다. "스트레스 받지 말고 천천히 하세요. 나도 2년쯤 지나니까 조금 할 만해요." 그 위로가 얼마나 따뜻하던지. 막막한 경계 아래에 이렇게 우정이 흐르고 있었다.

그즈음 손에 잡힌 책이 리비 페이지의 소설 《수영하는 여자들》이다. 주인공은 작은 지방 신문사 기자인 스물여섯 살 케이트와 여든여섯의 독거노인 로즈메리. 둘은 오랜 역사를 지닌 공공수영장 리도가 거대 부동산 회사의 개발 계획으로 없어질 위기에 처하면서 만나게 된다.

수영 없이는 하루도 살 수 없는 로즈메리와 수영을 싫어하는 케이트. 로즈메리는 인터뷰 요청을 하는 케이트에게 리도에서 수영을 하면 응하겠다고 한다. 그렇게 둘은 수영장에서 만나 서로를 이해하고 아끼는 친구가 된다.

수영장 폐쇄를 지지하는 시의원들 앞에서 로즈메리는 이렇게 이야기를 시작한다.

> 오래된 도서관이 문을 닫았던 그때, 그것이 완전히 사라지는 순간까지도 우리는 우리가 잃어가는 것의 중요성을 깨닫지 못했습니다. 그곳은 배움의 장소였고 우리 공동체의 중심이었습니다.

그녀는 리도마저 잃을 수 없다는 절박함에 용기를 냈고, 그녀를 지지하는 많은 친구들이 함께했다. 서점주인, 10대 학생, 노점상, 시장 상인들, 그리고 60년 터울을 건

너뛴 친구 케이트. 이들 모두가 지혜와 힘을 모아 공동체를 지켜 낸다. 나이, 성별, 직업 등 모든 경계를 넘어선 우정의 연대는 그토록 강하다(이 소설은 실제 사례에 기반을 두었다고 한다).

우연히 결성된 단체가 2박3일 제주도 나들이를 다녀왔다. 기획자만 알 뿐 참가자 면면은 전혀 모르는 채 시작된 여행. 낯섦을 어떻게 극복할 것인가 살짝 긴장하며 제주공항에 도착했을 때 그런 염려 따위는 바로 사라졌다. 총 인원 열여섯에, 나이는 30대부터 60대까지, 광고기획자, 은행원, 주부, 교사, 의사, 공무원, 서점주인, 작가, 편집자 등, 구성이 얼마나 조화롭던지. 서먹함을 느낄 사이 없이 자연스럽게 섞여 들어갔다.

끼리끼리 노는 건 종종 지루하고 때로는 위험하다. 세대 간 소통을 강조하는 고전평론가 고미숙은 《조선에서 백수로 살기》에서 "우정은 취향이나 기질이 아니라 절차탁마해야 하는 덕목"이라 했다. 일행은 만난 지 몇 시간 만에 2~30년 터울쯤 쉽게 넘나들며 모두 친구가 되었다. 자기 색깔은 분명하되 남과 어울릴 때는 조화와 배려를 먼저 생각하는 멋진 사람들이었다.

수영을 배우는 첫 단계는 두려움을 없애는 것이다. 어렸을 때 물에 빠져 죽을 뻔한 경험이 발목을 잡았다. 간신히 물에 몸을 맡기고 둥실 떠오르는 기분을 처음 느꼈을 때는 너무 기뻐서 소리를 지를 뻔했다.

세상 모든 경계 아래에 강물이 흐르고 있음을 믿는다. 누구든 힘을 빼고 뛰어들면 함께 생존수영이 가능한 우정의 강!

읽으며 ―
― 익어
갑니다 ―

이제 100세 시대를 맞이하여 세대 간 소통은 필수다. 청년은 노년과, 노년은 청년과 진정으로 친구가 되어야 한다. 디지털이 지배하는 21세기 문명은 청년들에게도 처음이지만 노년층한테도 처음 맞는 세상이다. 호기심 가득한 시선으로 배우고 탐구해야 한다. 그야말로 청년과 노년이 친구가 될 수 있는 절호의 찬스다.
고미숙, 《조선에서 백수로 살기》 중에서

> 개별화가 심해질수록 공동체의 중심은 필요하다. 배움을 매개로 할 때 연결은 좀 더 쉬워질 것이다. 비록 수영 배우기는 다급한 일정이 끼어들어 4개월 만에 중단되었지만, 의지는 아직 충만하다. 예비 백수에게 가장 중요한 건 어디에서든 우정의 흐름을 타는 것이다.

돈으로 가족을 살 수는 없다. 하지만 돈으로 이웃은 살 수 있다. 가족 해체의 시대, 이웃은 새로운 가족이 된다. 끈끈하진 않지만 충분히 어울리며 즐거울 수 있는 사이다.
김용섭, 《라이프 트렌드 2020-느슨한 연대》 중에서

> 돈이건 사람이건 대개 흩어지면 다시 모이고, 모이면 다시 흩어진다. 그 안에서 적당한 균형을 잡는 것이 삶의 지혜이자 요령이다. 그래서 '유연함'은 중요하다. 독거인에게는 더욱 느슨한 연대가 화두다.

우정의 진화

가끔 학창시절을 함께 보낸 친구들을 만나 정담을 나눈다. 나이가 드니 이야기는 주로 추억담이다. 세세한 기억을 펼쳐 놓는 친구들 앞에서 종종 꿀 먹은 벙어리가 된다. 간혹 '내가 기억상실증인가?' 하는 생각이 들기도 한다. 나름의 추리 끝에 이런 결론을 내렸다. '그때 나는 불행했기 때문에 기억을 저장하고 싶지 않았던 것이다.' 친구들에게 말했더니 다들 코웃음을 쳤다. "니가 왜?"

초등학교 5학년부터 6학년 사이 세 번의 전학을 했다. 준공무원이었던 아버지가 갑자기 시골 소읍을 돌게 되어 막내만 데리고 간 것이다. 지방도시에서 꽤나 도도한 아이로 자랐기에 별 걱정 없이 따라갔다. 새 친구를 만나는 것에 은근한 기대도 있었다.

하지만 그들은 나를 환영하지 않았다. 몇몇이 똘똘 뭉쳐 교묘하게 따돌렸다. 태어나 처음으로 맞닥뜨린 엄청난 시련이었다. 그들의 미움을 도대체 이해할 수 없었다. 집에 가서 하소연을 하면 "걔들이 질투하는 거야. 애들

때는 다 그런 거야" 뭐 이런 식의 답답한 반응만 돌아왔다. 나는 죽을 것처럼 힘들었는데 어른들은 그 고통을 쉽게 무시했다.

1년 반 만에 예전 학교로 돌아갔지만, 난 완전히 다른 아이가 되어 있었다. 만만하고 익숙했던 그곳은 다시 벽이었다. 혼란을 극복하지 못한 채 사춘기에 접어들었고, 골방소녀가 되었다. 《데미안》을 읽고 또 읽었다.

인류학자 김현경은 《사람, 장소, 환대》에서 "우정의 조건은 절대적 환대"라고 했다. 이런 글도 이어진다.

> 독서와 대화 사이에는 아무런 본질적인 차이가 없다. 독서는 또 다른 대화-비동시적으로 이루어지는 대화-이기 때문이다.

나는 친구 대신 책에서 우정을 구하며 불행한 사춘기를 보냈다. 여기까지는 나의 기억이다. 물론 동창들의 생각은 완전히 다르다. 이제와 누가 옳은지 판단할 근거도 이유도 없다.

줄리언 반스의 소설 《예감은 틀리지 않는다》는 날카로운 반전으로 기억의 오류에 대한 반성을 이끈다. 내게는 이 구절이 특히 인상 깊었다.

젊을 때는 산 날이 많지 않기 때문에 자신의 삶을 온전한 형태로 기억하는 게 가능하다. 노년에 이르면, 기억은 이리저리 찢기고 누덕누덕 기운 것처럼 돼버린다. 충돌사고 현황을 기록하기 위해 비행기에 탑재하는 블랙박스와 비슷한 데가 있다. 사고가 일어나지 않으면 테이프는 자체적으로 기록을 지운다. 사고가 생기면 사고가 일어난 원인은 명확히 알 수 있다. 사고가 없으면 인생의 운행일지는 더욱더 불투명해진다.

어쩌면 내 기억의 가난도 그러리라. 어린 날의 불행은 뭉뚱그린 감정일 뿐, 나를 괴롭힌 친구들 이름도 얼굴도 구체적인 사건도 떠오르지 않으니. 멀리 보면 성장담의 한 페이지일 것이다. 최근 학교 폭력과 관련한 이런저런 논란을 보면서 생각했다. 가해와 피해의 주장은 늘 엇갈리지만 구체적인 기억을 가진 쪽에 진실이 있지 않을까.

거리에서, 학교나 학원 앞에서, 소년소녀들과 지나칠 때면 왠지 마음이 애잔하다. 혹여 인생을 고쳐 살 수 있는 기회가 생긴다 해도 그 시절로 절대 돌아가고 싶지 않다. 덜 불행할 자신도, 좀 더 씩씩해질 것이라는 기대도 없으므로.

얼마 전 학교 폭력을 소재로 한 드라마를 몰입해서 보았다. 피해자인 주인공 소년은 도서관에 고요히 앉아 책을 읽으며 울분을 다스린다. 중·고등학교에서 책과 관련한 특강을 하면 종종 읽을 책을 골라 달라는 질문을 받는다. 기특하고도 무거운 주문이다.

혼자만 힘들고 외롭고 괴롭다는 생각을 하는 어린 친구들에게 책이 우정의 환대를 대신해 줄 수 있으면 참 좋겠다. 논술준비용 책들이 아닌, 드라마 주인공이 애독한 《호밀밭의 파수꾼》이거나, 나의 《데미안》 같은 영혼의 책이.

읽으며 익어 갑니다

한 사람 한 사람의 삶은 자기 자신에게로 이르는 길이다. 길의 추구, 오솔길의 암시다. 일찍이 그 어떤 사람도 완전히 자기 자신이 되어본 적은 없었다. 그럼에도 누구나 자기 자신이 되려고 노력한다. 어떤 사람은 모호하게 어떤 사람은 보다 투명하게, 누구나 그 나름대로 힘껏 노력한다.
헤르만 헤세, 《데미안》 중에서

> 지워진 기억에 미련은 없다. 다만 함께 경험한 사건에 관해 서로의 기억이 다를 때 난감할 뿐. 책에서 우정을 구했던 어린 시절이 내게 좋은 기억으로 오래 남아 있음이 고맙다. 《데미안》을 읽고 또 읽던 때가 있었다. 생각만 너무 많았던 시절이다. 같은 구절을 읽으며 같은 모습으로 고개를 끄덕인다 해도 그때와 지금의 이해는 다르다. 좋은 책은 거듭 읽어도 늘 새롭다.

느리게
읽는다는 것의
의미

며칠 전 고속열차를 타고 부산 출장을 다녀왔다. 왕복 다섯 시간 남짓, 쾌적한 실내에서 느긋하게 책을 읽는 시간은 평화로웠다. 열중해서 읽던 소설이 결말에 이를 즈음 종착역에 닿았다. 막바지에 속도를 마구 올렸음에도 남은 페이지를 보며 혼자 탄식했다. '딱 10분만 연착했으면 다 읽을 수 있었는데.'

소설을 읽을 때 나쁜 습관이 있다. 도입부에서는 주춤거리다 탄력이 붙으면 끝이 궁금해져 책장을 빨리 넘긴다. 그래서인가, 푹 빠져 읽은 책도 시간이 좀 지나면 내용이, 특히 결말 부분이 잘 기억나지 않는다.

기차에서 덮은 소설을 가방에 이틀쯤 묵혔다가 꺼냈다. 멈춘 곳에서 50페이지쯤 거슬러 올라가 천천히 읽기 시작했다. 호흡을 바꾸니 내용도 다르게 다가왔다. 돌아보면 책 읽는 버릇만 그렇지는 않았을 것이다. 일상의 사건을 관찰하는 것도, 누군가의 인생을 읽는 것도, 그런 조급증으로 얼마나 많은 오류를 범했을까 싶다.

오래 전에 함께 일했던 어른 한 분이 생각난다. 그분은 복도를 걸을 때 항상 발보다 머리가 반 보 정도는 앞섰다. 다리가 급한 마음을 따르지 못하니 몸이 앞쪽으로 기울어 자주 넘어졌다.

찰스 디킨스는 '피크윅 문서'에서 바람에 날아간 모자를 잡는 방법을 이렇게 묘사했다.

계속 굴러가는 모자를 다시 잡는데 필요한 것은 약간의 침착함이 아니라 비상한 판단력이다. 너무 성급하면 모자를 지나쳐 넘어지게 된다. 너무 천천히 가면 모자를 영영 놓친다. 모자를 잡을 수 있는 가장 좋은 방법은 이렇다. 추적의 대상과 가능한 한 동일선상에 머무르면서 조심스럽고 신중하게 때를 기다린다. 천천히 모자에 다가가다 갑자기 손을 뻗쳐 모자테를 잡는다. 그리고 모자를 머리에 꽉 눌러쓴다. 그러면서 계속 웃는 것이 좋다. 모자를 잡기 위한 그 모든 일에, 구경하는 다른 사람들과 똑같은 재미를 느끼는 것처럼.

서두는 만큼 실수가 잦은 그분에게 피에르 쌍소의 《느리게 산다는 것의 의미》를 선물한 기억이 있다. 책 속에서 저자는 2000년에 접어들 무렵을 이미 "현기증 나도록 빨리 돌아가는 현대"라고 했다. 지금 2·30대가 그 시절을 접한다면, 짜증나도록 느린 세상에 코웃음을 칠 텐데. 당시 그 책은 1·2권 연달아 베스트셀러에 올랐다. 어느 시대에나 사람들은 속도 경쟁에 멀미를 느끼며 살게 되어 있는 모양이다.

동유럽에서 전해지는 우화 중에 이런 내용이 있다.

주위를 쳐다보지도 않은 채 바쁘게 걸어가는 사람을 보고 토끼가 물었다. "무엇 때문에 그렇게 급하게 가고 있니?" 사람이 대답했다. "나의 일을 쫓아가고 있어." 토끼가 다시 물었다. "그런데 네가 일을 쫓아가야 할 정도로 일이 너를 앞서서 달리고 있다는 것을 어떻게 알지? 그 일이 네 등 뒤에 있을 지도 모르잖아. 그러면 그냥 멈추기만 하면 만나게 될 텐데. 지금 너는 일로부터 도망치고 있는 건지도 몰라."

한때는 앞뒤 옆을 돌아볼 새 없이 일만 쫓아다닌 적이 있으나, 이젠 읽는 속도를 조절할 일만 남았다. 어차피 나이가 들면 소화력도 떨어진다. 사람을 읽는 일도, 책을 읽는 것도, 느긋하게 과정을 즐겨야 할 것이다.

다만, 남은 무더위의 시간만큼은 빠르게 흘러가기를, 아울러 세상의 모든 아픈 사람이 건강하게 회복되는 시간도 최대한 당겨지기를 비는 마음은 예외로 한다.

읽으며 ─
─ 익어
갑니다 ─

한가로이 거니는 것. 그것은 시간을 중단시키는 것이 아니라, 시간에게 쫓겨 몰리는 법 없이 오히려 시간과 조화를 이루는 것이다. 그것은 구애받지 않는 자유로움을 의미한다. 따라서 더 이상 긴장감 속에서 경계심을 품은 채 이 세상을 조사·관찰하지 않아도 된다.
피에르 쌍소, 《느리게 산다는 것의 의미》 중에서

> 쫓기듯이 읽지 않기. 종종 내게 거는 주문이다. 매주 적어도 한 권 이상의 책을 읽고 저자에게 보낼 질문지를 써야 하니 책장을 넘기는 손이 자꾸 조급해진다. 그 손에 밧줄을 묶어 달과 별에 걸어 두고 요령껏 시간을 희롱하고 싶다.

열심히 했으나 원하는 결과를 못 냈을 때, 우리는 스스로에게 이렇게 말한다. "역시 최선을 다하지 못했어. 이건 내가 부족한 탓이야. 다음엔 좀 더 열심히 해야지." '노력하면 누구나 성공할 수 있다'는 신화에 매달려 우리는 자기 안으로만 몰입해 간다. 우리를 둘러싼 시스템 자체에 질문을 던지기보다는 '긍정교'의 순진한 신도가 되어 자신을 가혹하게 몰아간다. 이런 삶을 자유로운 삶이라고, 내가 선택한 길이라고 말할 수 있는 걸까.

김남희·쓰지 신이치, 《삶의 속도, 행복의 방향》 중에서

> 조급증에 빠진 사람들에게 '인생은 속도가 아니라 방향'이라고 충고한다. 그렇다면 방향을 잡는 것도 서두를 일이 아니다. 헤매는 것이 인생이다.

단순해질
용기

더위와 일에 지쳐 돌아온 저녁, 소파에 널브러져 습관적으로 TV를 켠다. 늘 그렇듯 방송마다 음식 천지다. 매일 저렇게 돌아다녀도 최고의 맛집이 계속 등장한다는 게 참 놀랍다.

먼저 성우의 구수한 멘트가 한껏 기대를 부풀린다. 입이 미어져라 음식을 넣고 엄지손가락을 치켜드는 손님들 뒤로 주방에서는 또 다른 자랑이 한창이다. "우리 집 맛의 비결은요" 하면서 육수나 소스에 들어가는 재료들을 펼쳐 놓는다. 익숙한 양념 외에 한약재며 과일이며 온갖 향신채가 얼마나 많은지, 열대여섯 가지는 보통이다.

대체 그 많은 재료들을 섞으면 어떤 맛이 살아남을까. 궁금하다기보다 그렇게까지 애쓰는 모습이 딱하다. 허기가 잔뜩 차오른 상태이건만, 구미는 동하질 않는다.

《맛의 배신》이라는 책을 흥미롭게 읽은 기억이 난다. 환경 다큐멘터리 전문 PD인 저자 유진규의 조사와 분석에 따르면 요즘 공장식으로 길러 낸 식자재들은 본래의

맛을 잃었다고 한다.

> 향미가 희석되는 현상은 현대 농업 전반에 걸쳐 발생하는 문제다. 종자 개량, 화학비료, 비닐하우스, 지력 쇠퇴, 토양미생물 감소 등 다양한 원인이 밍밍한 음식을 만들어 냈다. 닭고기는 향미를 잃었다. 토마토는 밍밍해졌고, 옥수수, 밀, 딸기, 상추도 각각의 고유한 맛이 약해졌다. 모든 음식이 묽게 변했다.
> 유진규,《맛의 배신》

그러니 자꾸 무언가를 많이 넣어서 혀를 속일 수밖에. 나이 든 사람들에게 흔히 듣는 '요즘 음식은 옛날에 먹던 그 맛이 아냐' 하는 불평이 괜한 까탈은 아닌 것이다. 와중에 손님들 입맛을 끌고자 분투하는 요리인들의 노고도 눈물겹다.

지인 한 분은 은퇴 후 아내와 함께하는 새로운 취미를 만들었다고 했다. 맛집 소개 방송을 즐겨 보고 매주 한두 곳을 찾아다니는 게 요즘 사는 낙이라 한다. 역시 방송의 힘은 대단하고, 사람의 식욕은 위대하다. 운동도 열심히 하지만, 뱃살은 나날이 두둑해지고 콜레스테롤 수치도 오르고 있다니, 그분에게 《맛의 배신》에서 다음의 구절을 문자로 보내드릴까 생각 중이다.

음식은 그것이 경험되는 것과 같은 방식, 즉 향미라는 렌즈를 통해서 처음부터 다시 이해되어야 한다. 우리가 막대한 돈과 시간을 쓰면서 해결하려고 애쓰는 비만 문제 같은 음식의 위기는 광범위한 미각 질환으로 이해될 수 있다. 문제는 칼로리가 아니다. 문제는 우리가 잘못된 음식을 원한다는 것이다. 맛을 제대로 알지 못하면 맛의 희생자가 될 수밖에 없다.

엊그제 아버지 기일을 보내며 생전에 즐겨 드시던 가지냉국을 만들었다. 췌장암으로 투병하다 돌아가신 아버지는 떠나는 날에도 어머니에게 가지냉국을 청해 드실 만큼 그 음식을 좋아하셨다. 쪄 낸 가지를 잘게 찢고, 집간장에 다진 마늘과 송송 썬 실파를 넣어 조물조물 무친 다음 냉수를 붓고 통깨를 뿌리면 그게 다인 단순한 요리. 마침 시골에서 동창이 몇 가지 채소들을 보내 준 터라 심심한 가지의 속맛이 깊었다.

친구가 챙겨 준 재래식 오이지도 곁들였다. 길쭉하게 썰어서 물에 담가 소금기만 살짝 빼고 어머니가 좋아하던 방식으로 고추장을 발라 먹었다. 재료에만 충실한 두 가지 반찬이 달아나던 입맛을 불러냈다.

글도 그러하지 않겠나. 《헤밍웨이의 글쓰기》에 "산문은 건축이지 실내장식이 아니다"라는 말이 나온다. 기본

이 부족하면 쓸데없는 서사가 길어진다. 이 책 저 책 기웃거리고 이 말 저 말을 끌어 모아 주저리주저리 늘어놓는다. 지금 이 글처럼.

요리도, 글도, 단순해지는 데는 용기가 필요하다. 알면서도 실패하는 이유는 비겁함과 조급함이다. 맹물 한 잔을 천천히 마시며 반성하련다.

읽으며 —
—— 익어
갑니다 —

호모 사피엔스의 신체가 제대로 굴러간 한 가지 주요 이유는 큰 뇌가 더 훌륭하고 맛있는 음식물을 만들도록 도왔기 때문이다. 우리 조상들은 훌륭한 기술을 가진 사냥꾼과 요리사가 됨으로써 신체적 결함을 보완했다.
존 매퀘이드, 《미각의 비밀》 중에서

> 누구에게나 식탐은 있다. 몸에 해롭다는 걸 알지만 입에 당기는 걸 막기 어렵다. 문제는 속도다. 한 박자 쉬고 물 한 잔 넘기고 나면 조금 진정이 된다. 나름 터득한 조절의 지혜다.

**살아 있는 한,
인생은
열린 결말**

 미세먼지로 시야가 뿌옇던 평일 점심 무렵이었다. 집 근처 한적한 4차선 길로 접어드는데, 맞은편에서 날카로운 파열음과 함께 오토바이 한 대가 급정거를 했다. 중앙선 너머 길바닥에는 밥주발, 국대접, 반찬그릇들이 처참하게 널브러져 있었다. 망연자실 그 광경을 바라보는 오토바이 운전자의 뒷모습이 슬펐다. 뒤따르는 차가 있었으면 큰 사고가 생길 수도 있었으니 그나마 천만다행이었다.

 그때 건너편 길가로 조용히 다가온 승용차에서 중년 남자 둘이 내렸다. 한 사람은 뒤따르는 차들에게 신호를 보내고, 또 한 사람은 오토바이 주인의 어깨를 한 번 툭 치더니 배달통을 빼앗아 그릇들을 주워 담기 시작했다.

 이내 신호가 바뀌며 자리를 떴으니 다음 상황은 알지 못한다. 아마도 두 귀인의 도움으로 수습에 그리 오랜 시간이 걸리지는 않았으리라. 그곳을 지나칠 때마다 생각한다. 식당주인이었을 수도 있고, 전문배달인이었을 수도 있는 아저씨에게 그날은 어떤 기억으로 남았을까. 억

세게 운수 나쁜 날이었을까? 따뜻한 친구를 만난 행운의 날이었을까. 물론 과거는 하나의 모습이 아니다. 현실이라는 거울에 따라 다르게 비춰진다. 그래서 끝이 좋으면 모든 게 좋다는 말은 어느 정도 진리일 게다.

연말이면 지난 한 해를 잘 갈무리하자는 강박감이 은근히 생긴다. 오래 전 써 놓은 단상 중에서 이런 글을 발견했다. "삶은 만만해졌다 싶으면 곧 막막해지고, 막막해서 주저앉고 싶으면 다시 만만한 구석이 보인다. 그래서 계속 산다. 살아지고 살아 낸다."

8년 전 고백한 그 심정은 지금도 유효하다. 다만 그때는 내 삶에 집중했다면 이제는 다른 이들의 변화에서 보편의 삶을 읽는 쪽이다. 예를 들면, 불과 1년 전만 해도 노처녀의 불안한 미래를 토로하던 한 동료는 그새 결혼을 했고, 2세 출산을 앞두고 있다. 누군가의 옆자리에서 잘나가던 지인은 그 누군가의 잘못을 떠안아 엄청난 고초를 겪었다. 건강을 자신하던 오라버니는 올해 생사를 넘나드는 대수술을 두 번이나 받고 회복 중이다. 다시 나로 돌아오면, 한가한 노후 진입을 대비하던 즈음에 다시 늘어난 일거리로 정신이 혼미한 채 연말을 보내고 있다.

미래는 종종 예상하고, 계획하고, 기대하는 방향으로 흘러가지 않는다. 그럼에도, 아니 그렇기에 새로운 시간과의 만남에 설레고 싶다. 그것이 살아 있음의 증거이므로.

한 달에 한번 녹음을 하러 오는 시인이 지난 가을 스태프들에게 고등학생인 아들 걱정을 털어놓으셨다. 성적은 부진한데 도통 공부에는 뜻이 없어 한심하다는 아들. 아침마다 학교 앞에 내려 주고 출근을 하는데, 하루는 아들이 콧노래를 부르며 이렇게 말하더란다 "아빠, 난 하루하루가 너무 즐거워요. 내일은 또 무슨 일이 생길지 설레고 기다려져요." 듣던 우리는 입을 모아 항의했다. 요즘 같은 세상에, 이보다 더한 아들 자랑이 어디 있다고!

일에 치여 독서가 게을러진 올해 마지막 책으로 리베카 솔닛의 《길 잃기 안내서》를 골랐다.

"미지를 향해 문을 열어두는 것, 어둠으로 난 문을 열어두는 것. 그 문은 가장 중요한 것들이 들어오는 문이고, 내가 들어왔던 문이고, 언젠가 내가 나갈 문이다. ······ 우리가 삶에서 원하는 것은 우리를 변화시키는 무언가다. 그런데 우리는 변화의 건너편에서 무엇이 우리를 기다리는지 모르거나, 모르는 데도 안다고 생각한다."

몇 해 전 인생의 터닝포인트를 지나 변화의 삶을 선택한 이들을 인터뷰하고 《땡큐, 내 인생의 터닝포인트》를 냈다. 그 과정에서 자연스럽게 이런 결론을 얻었다.

'살아 있는 한, 누구에게나 인생은 열린 결말이다!'

읽으며 —
—— 익어
갑니다 —

너는,
타자이면서 우리이다.
시원이면서 궁극인 너는
끝내 닿을 수 없는 내 안의 타자이다.
나는
흔들리며 흔들리며
다시 너에게로 간다.

우리이면서 타자인
너는 너무 멀리 있다.
곽효환 시집 《너는》 저자 서문 중에서

> 가끔 나의 미래를 살피는 일이 막막할 때면 다른 이의 세계를 보고자 한다. 《땡큐, 내 인생의 터닝포인트》를 기획할 때도 그랬다. 이쯤이면 되었다고 방심하다가 일격을

받아 잠시 주저앉은 상황이었다. 한 사람 한 사람 만남을 거듭하는 동안 평정심을 찾았다. 인터뷰이들은 한결같이 고백했다. 이야기를 나누다 보니 미처 몰랐던 변화의 시간들을 재발견하게 되었다고. 우리는 서로의 삶을 살피면서 함께 행복해졌다.

부록

강의모가 읽었고,
또 읽게 될 책

(저자 가나다순)

가스가 기스요와 지음, 최예은 옮김,
《백 살까지 살 각오는 하셨습니까-아프지 않고, 외롭지 않은
노년을 위한 100세 인생 지침서》, 아고라(2019)

강양구·김상욱·손승우·이강영·이권우·이명현·이정모·아시아태평양
이론물리센터·웹진 〈크로스로드〉 지음,
《과학은 그 책을 고전이라 한다 우리 시대의 새로운 과학 고전 50》,
사이언스북스(2017)

강의모 지음, 《땡큐, 내 인생의 터닝포인트-나를 변화시킨 결정적
순간》, 더시드컴퍼니(2016)

개브리얼 제빈 지음, 엄일녀 옮김, 《비바, 제인》, 루페(2018)

고미숙 지음, 《조선에서 백수로 살기》, 프런티어(2018)

곽효환 지음, 《너는》, 문학과지성사(2018)

김남희·쓰지 신이치 지음, 전새롬 옮김, 《삶의 속도, 행복의
방향-삶의 속도를 선택한 사람들》, 문학동네(2013)

김상욱 지음, 《떨림과 울림-물리학자 김상욱이 바라본
우주와 세계 그리고 우리》, 동아시아(2018)

김소연 지음, 《사랑에는 사랑이 없다》, 문학과지성사(2019)

김애란 지음, 《두근두근 내 인생》, 창비(2011)

김영하 지음, 《여행의 이유》, 문학동네(2019)

김용섭 지음, 《라이프 트렌드 2020-느슨한 연대》, 부키(2019)

김재진 지음, 《누구나 혼자이지 않은 사람은 없다》, 꿈꾸는서재(2015)

김정운 지음, 《노는 만큼 성공한다-지식 에듀테이너이자
문화심리학자 김정운 교수가 제안하는 재미학》, 21세기북스(2011)

김정운 지음, 《바닷가 작업실에서는 전혀 다른 시간이 흐른다-
슈필라움의 심리학》, 21세기북스(2019)

김진영 지음, 《이별의 푸가-철학자 김진영의 이별 일기》, 한겨레출판
(2019)

김현경 지음, 《사람, 장소, 환대》, 문학과지성사(2015)

나종민 외 착한 사진가들·강의모 지음, 《희망 찰칵》, 행복한책(2018)
(비매품)

노명우 지음, 《혼자 산다는 것에 대하여-고독한 사람들의 사회학》,
사월의책(2013)

다이애너 애실 지음, 노상미 옮김, 《어떻게 늙을까-전설적인 편집자
다이애너 애실이 전하는 노년의 꿀팁》, 뮤진트리(2016)

데이비드 색스 지음, 박상현·이승연 옮김, 《아날로그의 반격-디지털,

그 바깥의 세계를 발견하다》, 어크로스(2017)

랠프 레이턴 지음, 안동완 옮김, 《투바, 리처드 파인만의 마지막 여행》,
해나무(2002)(절판)

레오 니오니 지음, 최순희 옮김, 《프레데릭》, 시공주니어(2013)

레이먼드 게이타 지음, 변진경 옮김, 《철학자의 개-곁에 있는
동물들과 함께 철학하기》, 돌베개(2018)

롤프 도벨리 지음, 엘 보초 그림, 유영미 옮김, 《불행 피하기
기술-영리하게 인생을 움직이는 52가지 비밀》, 인플루엔셜(2018)

류시화 지음, 《새는 날아가면서 뒤돌아보지 않는다》, 더숲(2017)

리베카 솔닛 지음, 김명남 옮김, 《길 잃기 안내서-더 멀리
나아가려는 당신을 위한 지도들》, 반비(2018)

리비 페이지 지음, 박성혜 옮김, 《수영하는 여자들》, 구픽(2018)

모리시타 노리코 지음, 이유라 옮김, 《매일매일 좋은 날》,
알에이치코리아(2019)

무라카미 류 지음, 유병선 옮김, 《무취미의 권유-무라카미 류의
비즈니스 잠언집》, 부키(2012)

무레 요코 지음, 권남희 옮김, 《모모요는 아직 아흔 살》, 이봄(2018)

미셸 투르니에 지음, 에두아르 부바 찍음, 김화영 옮김, 《뒷모습》,
현대문학(2002)

미치 앨봄 지음, 공경희 옮김, 《모리와 함께한 화요일》, 세종서적(2002)

박완서 지음, 《아주 오래된 농담》, 실천문학사(2000)
> 박완서 작가의 소설 중에서 아마 이 작품이 연애에
> 관한 서술로는 가장 파격적이지 않을까 싶다.
> 충격적이면서 좋았다. 읽은 지 20년이 다 되어
> 가는데, 다시 읽어 보고 싶지는 않다. 그때 느낌을
> 그대로 간직하고 싶다.

박재삼 지음, 《천 년의 바람》, 민음사(1975)
> 이 시집을 처음 만난 게 대학교 3학년 때다.
> 1979.8.28. 구입 날짜가 적혀 있다. 내 기억에
> 다섯 이상의 지인에게 이 시집을 사서 선물했다.
> 그들에게 다가간 바람은 어떤 것이었을지, 지금은
> 어떤 바람 속에서 살고 있을지 궁금해진다.

박종무 지음, 《살아있는 것들의 눈빛은 아름답다-수의사 아빠가
딸에게 들려주는 함께 살아가는 동물 이야기》, 리수(2016)

박준 지음, 《운다고 달라지는 일은 아무 것도 없겠지만》, 난다(2017)

사라 저코비 지음, 김경연 옮김, 《시간은 어디에 있는 걸까》,
미디어창비(2018)

샬럿 브론테 지음, 유종호 옮김, 《제인 에어 1·2》, 민음사(2004)

서효인 지음, 《이게 다 야구 때문이다-어느 젊은 시인의 야구 관람기》, 다산책방(2011)

스튜어트 매크리디 엮음, 남경태 옮김, 《시간에 대한 거의 모든 것들-3천 년 동안 철학자들을 난감하게 만든 시간에 관한 수수께끼들》, 휴머니스트(2010)

아니 에르노 지음, 최정수 옮김, 《단순한 열정》, 문학동네(2012)

안나 가발다 지음, 이세욱 옮김, 《나는 그녀를 사랑했네》, 북로그컴퍼니(2016)

안녕달 지음, 《할머니의 여름휴가》, 창비(2016)

앙투안 드 생텍쥐페리 지음, 송혜연 옮김, 《우리가 사랑해야 하는 이유- 생텍쥐페리 잠언집》, 생각속의집(2015)

애나 메리 로버트슨 모지스 지음, 류승경 옮김, 《인생에서 너무 늦은 때란 없습니다-모지스 할머니 이야기》, 수오서재(2017)

얀 마텔 지음, 공경희 옮김, 《포르투갈의 높은 산》, 작가정신(2017)

어니스트 헤밍웨이 지음, 래리 W. 필립스 엮음, 이혜경 옮김, 《헤밍웨이의 글쓰기》, 스마트비즈니스(2009)

엄기호 지음, 《고통은 나눌 수 있는가-고통과 함께함에 대한 성찰》,
나무연필(2018)

올리버 색스 지음, 양병찬 옮김, 《모든 것은 그 자리에-첫사랑부터
마지막 이야기까지》, 알마(2019)

움베르토 에코·장 클로드 카리에르 지음, 임호경 옮김,
《책의 우주-세기의 책벌레들이 펼치는 책과 책이 아닌 모든
것들에 대한 대화》, 열린책들(2011)

> 출판사 '부키'에서 《아까운 책 2012》에 들어갈 원고
> 한 꼭지를 써 달라는 원고 청탁을 받고 망설임 없이
> 이 책을 골랐다. 해마다 아니 날마다 엄청난 책들이
> 쏟아져 나오는데, 가치를 발견할 틈 없이 사라지는
> 책들이 얼마나 많은가. 그나마 이 '아까운 책'
> 시리즈도 몇 회만에 없어지고 말았다.

유진규 지음, 《맛의 배신-우리는 언제부터 단짠단짠에 열광하게
되었을까》, 바틀비(2018)

율리 체 지음, 이준서·이재금 옮김, 《형사 실프와 평행우주의 인생들》,
민음사(2010)

이근후 지음, 김선경 엮음, 《나는 죽을 때까지 재미있게 살고 싶다-
멋지게 나이 들고 싶은 사람들을 위한 인생의 기술 53》, 갤리온(2013)

이근후 지음, 《어차피 살 거라면, 백 살까지 유쾌하게 나이 드는 법》,
메이븐(2019)

이명현 지음, 《이명현의 별 헤는 밤》, 동아시아(2014)

이병률 지음, 《바람이 분다 당신이 좋다-이병률 여행산문집》, 달(2012)

장 루이 푸르니에 지음, 백선희 옮김, 《나의 마지막 남은 검은 머리카락 하나》, 정신의서가(2006)

장 지오노 지음, 마이클 매커디 그림, 김경온 옮김, 《나무를 심은 사람》, 두레(2005)

장석주 지음, 《그 많은 느림은 다 어디로 갔을까》, 뿌리와이파리(2008)

정재승 지음, 《열두 발자국-생각의 모험으로 지성의 숲으로 지도 밖의 세계로 이끄는 열두 번의 강의》, 어크로스(2018)

제인 오스틴 지음, 윤지관·전승희 옮김, 《오만과 편견》, 민음사(2003)

제롬 데이비드 샐린저 지음, 공경희 옮김, 《호밀밭의 파수꾼》, 민음사(2001)

조경진 지음, 《느낌의 미술관-현대미술을 이해하기 위한 열네 번의 예술수업》, 사월의책(2018)

조리스-카를 위스망스 지음, 유진현 옮김, 《거꾸로》, 문학과지성사(2007)

조지프 F. 코글린 지음, 김진원 옮김, 《노인을 위한 시장은 없다-

고령화의 공포를 이겨 낼 희망의 경제학》, 부키(2019)

조지프 캠벨 지음, 다이앤 K. 오스본 엮음, 박중서 옮김, 《신화와 인생-조지프 캠벨 선집》, 갈라파고스(2009)

존 매쿼이드 지음, 이충호 옮김, 《미각의 비밀-미각은 어떻게 인간 진화를 이끌어왔나》, 문학동네(2017)

존 윌리엄스 지음, 김승욱 옮김, 《스토너》, 알에이치코리아(2015)
> 두 개의 독서모임에서 열 명 이상이 이 책을 함께 읽었다. 독후감은 사람들마다 달랐다. 말하자면 그들의 인생관이 고스란히 드러났다. 누군가의 내면을 파악하고 싶으면 이 책을 두고 이야기를 나눠 보아도 좋을 것이다.

줄리언 반스 지음, 최세희 옮김, 《예감은 틀리지 않는다》, 다산책방(2012)

지그문트 바우만 지음, 조은평·강지은 옮김, 《고독을 잃어버린 시간-유동하는 근대 세계에 띄우는 편지》, 동녘(2012)

칼하인츠 A. 가이슬러 지음, 박계수 옮김, 《시간》, 석필(1999)(절판)
> 접어둔 부분과 밑줄이 유난히 많은, 가장 자주 펼쳐 보는 책 중에 하나다. 여러 지인에게 선물하고 싶은데, 절판이 아쉽다.

크리스 조던 지음, 인디고 서원 엮음, 《크리스 조던-아름다움의

눈을 통해 절망의 바다 그 너머로》, 인디고서원(2019)

팀·라미 지음, 고상숙 옮김, 《드라이빙 미스 노마-숨이 붙어 있는 한 재밌게 살고 싶어!》, 흐름출판(2018)

표정훈 지음, 《혼자 남은 밤, 당신 곁의 책-탐서주의자 표정훈, 그림 속 책을 탐하다》, 한겨레출판(2019)

프란치스카 무리 지음, 유영미 옮김, 《혼자가 좋다-온전히 나에게 집중하는 삶》, 심플라이프(2018)

피에르 쌍소 지음, 김주경 옮김, 《느리게 산다는 것의 의미》, 동문선(2000)

헤르만 헤세 지음, 전영애 옮김, 《데미안》, 민음사(2000)
> 조카 넷과 아들이 한두 살 터울로 자라나는 동안 중학교 입학 선물로 일관되게 이 책을 사 주었다. 그다지 반가운 선물은 아니었겠지만, 단 한 문장이라도 그들의 삶에 깃들기를!

헤르만 헤세 지음, 차경아 옮김, 《싯다르타》, 문예출판사(2006)

헤르만 헤세 지음, 폴커 미켈스 엮음, 유혜자 옮김, 《어쩌면 괜찮은 나이-어른들을 위한 데미안》, 프시케의숲(2017)

홍성수 지음, 《말이 칼이 될 때-혐오표현은 무엇이고 왜 문제인가?》, 어크로스(2018)

닫는 글

게으를 수 없는
평범한 삶

대학시절, 교지에 실은 《오만과 편견》 독후감에 마음이 상한 한 남학생이 내게 다짜고짜 따져 물었습니다. "니가 뭔데? 니가 그렇게 잘났어?" 당시 그는 내 절친과 좀 비열한 절차로 연애를 끝낸 직후였는데, 아무 상관없는 내 글에서 '도둑이 제 발 저린' 느낌을 받았던 것이죠. 차분하게 한 마디만 했습니다. "나는 내가 보통의 상식을 가진 평범한 사람이라고 생각합니다."

그때만 해도 '보통'과 '평범'은 그냥 주어지는 것인 줄 알았습니다. 철이 없어 삶을 만만하게 보았던 탓이지요. 살다 보니 별난 과정도 겪었지만, 모난 삶을 열심히 굴리다 보니 모서리가 닳아 없어졌습니다. 게으를 수 없어서 비로소 평범해진 삶입니다.

> 허영과 오만은 종종 동의어로 쓰이긴 하지만 그 뜻이 달라. 허영심이 강하지 않더라도 오만할 수 있지. 오만은 우리 스스로 우리를 어떻게 생각하느냐와 더 관련이 있

고, 허영은 다른 사람들이 우리를 어떻게 생각해 주었으면 하는 것과 더 관계되거든.

제인 오스틴 《오만과 편견》중에서

부끄러운 글을 닫으며 이 구절을 다시 읽어 봅니다.
읽으며 익어 왔습니다.
부디 이 책이 보통사람에게 평범한 느낌으로 읽히길, 감히 바랍니다.

**살아 있는 한,
누구에게나
인생은 열린 결말입니다**

강의모의 책 읽기 책 일기

1판 1쇄 펴낸날 2019년 12월 13일
1판 2쇄 펴낸날 2020년 10월 25일

  글 강의모
  펴낸이 전은정
  펴낸곳 목수책방
  출판신고 제25100-2013-000021호
  대표전화 070 8151 4255
  팩시밀리 0303 3440 7277
  이메일 moonlittree@naver.com
  블로그 post.naver.com/moonlittree
  페이스북 moksubooks
  인스타그램 moksubooks
  디자인 www.kimjihye.com
  인쇄 상지사 P&B

Copyright ⓒ 2019 강의모

이 책은 저자 강의모와
목수책방의 독점 계약에 의해
출간되었으므로 이 책에 실린
내용의 무단 전재와 무단 복제,
광전자 매체 수록을 금합니다.

ISBN 979-11-88806-11-9 세트
ISBN 979-11-88806-12-6 (04810)

가격 13,000원